58, rue Jean-Bleuzen – 92178 Vanves Cedex
www.hachette-pratique.com

Direction Welcome to the Jungle
Jérémy Clédat

Directrice éditoriale Welcome to the Jungle
Marie Ouvrard

Auteure
Aurélie Cerffond

Rédactrice en chef
Eléa Foucher-Créteau

Direction artistique
Violaine & Jérémy

Coordination artistique
Alex de las Heras

Exécution et mise en page
Violaine & Jérémy, Benoit Hody

Illustrations
Clara Dupré

Direction Hachette Pratique
Catherine Saunier-Talec

Responsable éditoriale
Anne Le Meur

Suivi éditorial
Élise Ducamp

Relecture
Anne Fragonard

Fabrication
Amélie Latsch

Responsable communication
Johanna Rodrigue

Responsable partenariats
Dana Lichiardopol
(dlichiardopol@hachette-livre.fr)

Jeudi 24 septembre, 14h36. C'est la conférence de rédaction hebdomadaire chez Welcome to the Jungle. Depuis 2015, nous développons un média et recherchons les meilleurs sujets pour faire évoluer le monde du travail vers une version moderne, tournée vers l'humain et l'épanouissement de chacun·e.

L'actualité nous impose d'emblée certains sujets et puis, il y a les réalités que l'on voit évoluer au quotidien. Celles auxquelles nous sommes tou·te·s confronté·e·s aux quatre coins du Zoom, du·de la big boss au·à la stagiaire, du freelance au candidat.

- On devrait écrire un livre sur le personal branding
- Le quoi ?
- Le personal branding. La façon dont tu te racontes.
- Comment tu communiques sur toi.
- C'est pas un peu bullshit ?
- C'est pas un peu essentiel ?

Comment se présenter ? Comment faire bonne impression ? Quelle image renvoyer dans le monde professionnel ? Ces questions se posent depuis que le travail existe, pourtant les manières d'y répondre sont bien différentes aujourd'hui. Le CV n'est plus notre seul passeport professionnel, c'est toute notre petite personne qui est mise à l'épreuve au quotidien, de notre entrée dans l'open space aux posts sur nos réseaux sociaux en passant par le débriefing de l'apéro.

Après une heure de discussion, nous sommes tou·te·s d'accord : chacun·e a une histoire, une expérience et des talents à mettre en valeur, il faut juste apprendre à les assumer et à les raconter. Mais pas n'importe comment. Nous en sommes convaincu·e·s : rester authentique augmente nos chances de rencontrer les bonnes personnes, de trouver les bons projets et donc, de s'épanouir au travail.

Alors oui, se connaître et s'assumer, c'est l'œuvre d'une vie, mais il faut bien commencer quelque part. C'est dans cette optique que nous avons conçu ce livre, tel un guide qui vous aidera à dessiner votre plus beau profil, vous partagera les outils pour sculpter la meilleure version de vous-mêmes et vous donnera toutes les clés pour bien communiquer tout au long de votre carrière.

Pour les plus dubitatif·ve·s, sachez que ne rien dire ou ne rien faire ne protège pas du regard des autres. Alors, autant prendre les devant et le contrôle de son image, non ? Attention, il n'est pas question ici de devenir un produit ou un·e influenceur·euse, mais bien d'être soi-même.

Prêt·e à raconter la bonne histoire : la vôtre ?

La rédaction de
Welcome to the Jungle

SOMMAIRE

I. PERSONAL

LA MARQUE

BRANDING:

C'EST TOI

C'est l'histoire de Lisa, 33 ans, chargée de communication pour une grande entreprise du secteur des assurances et surtout mordue de théâtre ! Elle assiste à plusieurs spectacles par semaine, n'hésite pas à aller voir plusieurs fois ses pièces préférées car, après tout, « c'est du spectacle vivant, chaque représentation est unique ! » Une passion dévorante donc, qui s'avère être également une passion… solitaire. À son grand désarroi, son entourage, lui, cède plus volontiers aux sirènes d'un Netflix and chill qu'au dernier vaudeville, pourtant tout aussi divertissant selon elle. D'ailleurs, en bonne communicante, elle a bien identifié les leviers qui pourraient redynamiser l'image de son art chéri pour le rendre plus attrayant aux yeux des jeunes générations. Son rêve ? Pouvoir un jour mettre ses compétences professionnelles au service du grand théâtre de sa ville et faire enfin bouger les lignes. Un rêve qu'elle touche du doigt quand un jour, après une représentation, elle tombe nez à nez avec le directeur dudit théâtre. Avec la ferme intention de saisir sa chance, elle l'aborde un peu balbutiante pour lui parler d'elle : son diplôme, ses faits d'armes au service comm' de grandes entreprises, sa connaissance des logiciels, etc. Sauf que son interlocuteur, circonspect, l'interrompt au bout de quelques minutes et prend la fuite. Bien qu'il l'ait trouvée sympathique, il n'a tout simplement pas compris pourquoi cette pro des assurances lui déballait ainsi son CV.

Pourtant, Lisa avait de sérieux arguments pour capter son attention. Si elle lui avait transmis son amour pour le théâtre, cet art qui la fait se sentir si vivante, leur échange aurait sûrement pris une autre tournure.

En la regardant avec du recul, cette occasion manquée est uniquement due à une mauvaise « présentation de soi ». Cela peut paraître anecdotique et pourtant, c'est bien ce qui joue dans chacune de nos interactions sociales : comment « se raconter » ? Quelle est l'image que je veux renvoyer ? Quels sont mes atouts, ceux sur lesquels je veux être connu·e, reconnu·e dans mon travail ? Des questions de première importance dans un parcours pro. D'autant que partout, tout le temps, on laisse des traces. À chaque fois qu'on parle, qu'on publie ou commente un contenu sur les réseaux sociaux ou même qu'on entre dans une pièce, on dit quelque chose de nous. Ces empreintes nous représentent. Ensemble, elles forment notre marque personnelle. Et il est grand temps de s'y intéresser ! C'est là qu'entre en jeu la pratique du personal branding. L'expression sonne comme un concept purement marketing, on la voit parfois traduite par « le marketing de soi », mais la démarche va bien au-delà. Avant d'explorer ensemble tous ses aspects, on vous propose de faire connaissance avec le concept : d'où vient-il, dans quel contexte a-t-il émergé, pourquoi c'est un incontournable de la vie pro ? On fait les présentations.

1. BACK TO BASICS

LA LOI DU MARCHÉ

Depuis environ quarante ans, le néolibéralisme teinte les politiques économiques des pays occidentaux, transformant les relations sociales en marché. Cela se traduit par une mise en concurrence généralisée non seulement entre les pays, les organisations, les entreprises, mais aussi... entre les individus. Dans le même temps, la norme sociale de l'emploi s'est très fortement imposée, comme en témoigne la fameuse expression : « Et toi, tu fais quoi dans la vie ? ». Une question devenue existentielle, dont la réponse attendue est soit une formation (pour avoir un emploi), soit un emploi, soit un emploi occupé par le passé. Sauf que des emplois il n'y en a pas assez pour tout le monde. Résultat : pour répondre à cette injonction sociale, on joue tous et toutes des coudes pour se faire une place – la nôtre – sur un marché du travail ultra concurrentiel et en tension.

LE TRAVAIL COMME JAMAIS

Sur la même période, le monde du travail a, en parallèle, connu d'importantes mutations qui ont radicalement changé notre façon d'aborder notre carrière :

On se la joue perso

La société du XXIe siècle est une société individualiste dans laquelle les intérêts des individus passent avant ceux des institutions. Ni égoïste ni narcissique, l'individu s'émancipe du collectif pour mieux se développer personnellement. Concrètement, cela signifie qu'on ne s'en remet plus à l'entreprise pour faire grandir notre carrière ; on la gère seul·e. Travailler vingt, trente ou quarante ans au sein de la même organisation, ce n'est plus la norme.

La technologie rebat les cartes des métiers

Sous l'impulsion des innovations numériques, de la robotisation ou encore de l'Intelligence Artificielle, certains métiers sont voués à disparaître quand d'autres restent à inventer. 85 % des métiers de 2030 n'existeraient pas encore, d'après un rapport de 2017 établi par Dell et l'Institut pour le Futur, un think tank californien.

Le sens au travail, la nouvelle quête

En France, 43 % des actifs pensent qu'il faut remettre en question un travail dont on ne perçoit ni le sens ni l'utilité au quotidien, d'après une étude réalisée par Kantar TNS pour Randstad en avril 2019. Même si la définition du « sens au travail » est très subjective, cette recherche d'utilité est révélatrice des nouvelles aspirations qui influencent nos choix de carrières.

Résultat : des trajectoires pros en zigzag

Tous ces bouleversements ont enterré les parcours linéaires (du moins les ont raréfiés). Les nouvelles carrières s'accompagnent de transitions récurrentes avec une alternance entre chômage, formation, stage, emploi salarié, auto-entreprise, etc. voire des changements de secteur d'activité ou de métier. Si bien qu'en janvier 2021, 47 % des travailleurs français étaient en train de se reconvertir, d'après une étude de Centre Inffo, l'association de service public sur la formation.

Pour garantir son employabilité dans ce monde du travail en constante évolution, la tendance est d'investir sur soi. Redoubler d'agilité, se former tout au long de sa vie, miser sur le développement personnel… Pour émerger parmi une foule d'anonymes, on cherche sans cesse de nouvelles stratégies pour sortir du lot. Et ce, peu importe le secteur professionnel dans lequel on évolue. C'est un fait, pour rester attractif·ve sur le marché de l'emploi, il faut se différencier pour marquer les esprits.

PREMIERS PAS

> **« Starting today you are a brand »**
> Tom Peters

« À partir d'aujourd'hui, tu es ta propre marque », en version française. Si le terme de personal branding est apparu la première fois en 1981 dans un livre intitulé *The Battle for your mind* des experts en marketing Al Ries et Jack Trout, c'est le journaliste américain Tom Peters qui va consacrer le terme dans son célèbre article « The brand is you », publié dans les colonnes de la revue économique *Fast Company*. L'expert en management développe l'idée selon laquelle « à l'ère où l'individu est au centre de tout, nous sommes devenus les représentants de notre propre marque. [...] Une marque que nous sommes amenés à promouvoir, au même titre que Coca-Cola®, Pepsi® ou The Body Shop®. » Un peu en avance sur son temps, l'idée ne fait pas l'unanimité à l'époque. Et oui, il est encore difficile de faire le parallèle entre une personne et une marque commerciale, surtout qu'Internet en est encore à ses balbutiements, un détail qui a toute son importance. Nous allons voir pourquoi...

L'EXPLOSION DE LA VIE DIGITALE

Depuis, le concept a fait son chemin, particulièrement boosté par le développement des réseaux sociaux (nous y voilà…) qui démocratisent l'expression de soi à coup de likes et de commentaires enflammés, à partir des années 2000. Une révolution célébrée en Une du prestigieux *Times Magazine* en 2006 avec la couverture : « The person of the year : YOU » (La personnalité de l'année : c'est vous). La rédaction, qui élit chaque année l'homme ou la femme qui a le plus influencé le monde, avait alors choisi de mettre à l'honneur l'ensemble des internautes. Ceux-là mêmes qui, sur des sites Internet communautaires et collaboratifs comme YouTube, Facebook et MySpace (très influent à l'époque), partagent informations, textes, photos et vidéos. Jusqu'à devenir de véritables créateurs de contenus pour certain·e·s… Une révolution !

Depuis, bien évidemment, notre utilisation du web et l'intensification de l'utilisation des réseaux sociaux n'ont fait que croître, rendant notre identité numérique parfois plus prégnante que celle de la vie réelle. Si bien que, d'après une étude de Squarespace Survey du 1er juillet 2021, pour 60 % de la génération Z, née dans les années 1990-2000, et pour 62 % des millennials (ou génération Y), nés dans les années 1980-1990, la manière de se présenter en ligne est plus décisive que la manière d'apparaître en personne. Des chiffres peu surprenants si on prend du recul sur nos propres habitudes tant personnelles que professionnelles : qui n'a pas pour premier réflexe de « googliser » le nom d'une personne tout juste rencontrée ?

le +

Identité numérique et e-réputation quelle différence ?

L'identité numérique correspond aux traces que l'on a laissées nous-même sur le web (informations, publications, photos ou vidéos), quand **l'e-réputation** est l'image de la perception de ces contenus par les autres. Les deux sont étroitement liées : pour garantir l'efficacité de l'une (son identité numérique), il est important de surveiller et d'évaluer régulièrement la deuxième (sa e-réputation). Mais on y reviendra plus en détails (page 176).

2. PERSONAL BRANDING: LE B.A.-BA

LES CONTOURS

Ce que l'on appelle le « branding » correspond à l'ensemble des éléments qui constituent l'image de marque d'une entreprise. Il comprend son identité visuelle (logo, charte graphique, slogan) mais également son histoire, sa mission, ses valeurs... Bref, tout ce qui permettra à une entreprise de devenir une marque et de se positionner dans l'esprit du consommateur. Ainsi, le personal branding se veut être l'application de ce principe aux individus. Le but : se créer une image de marque non pas commerciale, mais bien personnelle. Nous ne sommes évidemment pas des produits à vendre, mais pour se réaliser professionnellement, nous avons plus que jamais besoin – nous aussi – d'être identifiés, connus, reconnus pour nos compétences et notre profil unique. La question de notre image professionnelle, celle que l'on renvoie aux autres – parfois malgré nous –, est cruciale. Pourtant, bien se présenter au monde est un exercice souvent mal maîtrisé par la plupart d'entre nous, tant il est difficile de bien se connaître et de parler de soi. Plutôt que d'inventer un personnage que l'on ne serait pas, l'idée est davantage d'apprendre à exprimer réellement qui nous sommes pour mieux évoluer professionnellement. La définition donnée par William Arruda, conférencier et auteur de référence sur le personal branding, dans son livre *Digital You : Real Personal Branding in the Virtual Age* (2019) va dans ce sens : « L'image de marque personnelle ne consiste pas à construire une image spéciale pour le monde extérieur ; il s'agit de comprendre votre combinaison unique d'attributs rationnels et émotionnels – vos forces, vos compétences, vos valeurs, vos passions – et d'utiliser ces attributs pour vous différencier et orienter vos décisions de carrière. » Une démarche pour mieux se révéler à soi et aux autres, en somme, mais aussi pour mieux s'épanouir au travail, et dans la vie !

le +

Circulez

Il n'y a rien

«à vendre»!

Chez Welcome to the Jungle, on combat le poncif trop souvent lu et entendu à propos du personal branding qui serait une technique pour «se vendre». C'est vrai que le marché de l'emploi est parfois une jungle, – on ne va pas vous dire le contraire –, mais ce n'est pas non plus un marché aux esclaves. En tant qu'individu, on propose nos compétences, du temps de travail, parfois le produit fini de notre travail (quand on est indépendant notamment) à des employeurs, mais on ne se vend jamais soi-même ! Une nuance loin d'être anecdotique, selon nous, qui explique pourquoi vous ne trouverez pas l'expression «se vendre» dans les pages de ce guide.

UTILE POUR TOUS ET TOUTES

Que l'on soit étudiant·e, demandeur·se d'emploi, salarié·e en activité, travailleur·euse indépendant·e, cadre dirigeant, en profession libérale, consultant·e, coach, en reconversion professionnelle... Aujourd'hui, on a toutes et tous intérêt à miser sur le personal branding, et ce à n'importe quel stade de notre carrière.

Une marque personnelle claire, positive et différenciante permet d'atteindre tout un tas d'objectifs professionnels, tels que :

- TROUVER UN EMPLOI, UNE ALTERNANCE, UN STAGE
- OBTENIR UNE PROMOTION, ACCÉDER À DES POSTES DE DIRECTION
- ÊTRE IDENTIFIÉ·E EN TANT QU'EXPERT·E
- ÉTENDRE SON RÉSEAU, SON INFLUENCE
- DÉCROCHER DE NOUVEAUX CONTRATS OU CLIENTS
- ACCROÎTRE SA NOTORIÉTÉ, FAIRE RAYONNER SON MÉTIER, SON ENTREPRISE
- GAGNER EN LÉGITIMITÉ AU SEIN DE SON ENTREPRISE

Neuf bénéfices – non négligeables ! –
pour booster sa carrière, selon William Arruda :

1.

« SE FAIRE UN NOM »

À l'opposé d'une vaine quête de célébrité, le personal branding permet de développer une notoriété ciblée auprès de personnes qui pourront nous aider à avancer dans notre carrière. Terriblement efficace.

2.

BYE, BYE LE SYNDROME DE L'IMPOSTEUR

En analysant ce qui fait notre force et nos atouts, étape préliminaire à tout bon personal branding, on renforce notre sentiment de légitimité. Bonjour, confiance.

3.

AIMANT À OPPORTUNITÉS

Une fois bien installée, c'est notre marque qui travaille pour nous. Doigts de pieds en éventail activés.

4.

SHOT D'ÉNERGIE

Quand jouer un rôle au quotidien est épuisant, faire vivre une image de marque qui nous correspond est tout simplement vivifiant. Mieux qu'une balade en bord de mer.

5.

FACTEUR DE BONHEUR

Aligner qui l'on est avec ce que l'on fait est une grande source d'apaisement. Telles les planètes, on est en phase.

6.

CASH MACHINE

Tout comme on est prêt·e à payer plus cher pour une marque de renom, la notoriété de notre propre marque permet de négocier de meilleures rémunérations. À nous les dents en or.

7.

PILOTE À BORD

Bien dans nos baskets, nous prenons davantage le contrôle de notre carrière pour mieux la faire décoller. Attachez vos ceintures !

8.

RÉALISER SES OBJECTIFS

C'est simple, on dispose des bonnes armes pour relever tous les défis professionnels. Plus rien ne nous résiste.

9.

UN CERCLE VERTUEUX

Et c'est bien la plus-value la plus importante de la démarche : réussir grâce à une marque qui incarne qui nous sommes vraiment muscle notre confiance, qui va à son tour se refléter dans notre image, et ainsi de suite. Un cycle garanti 100 % positif.

ON SAUTE LE PAS ?

Parce que, on ne va pas se mentir, parler de soi et se mettre en avant n'est pas chose aisée et ne coule pas de source pour un grand nombre d'entre nous, il est tout à fait normal de ressentir de la gêne voire une certaine appréhension à se lancer dans une démarche de personal branding. Peur de passer pour quelqu'un de prétentieux, peur du jugement des autres, peur d'en faire trop ou pas assez, peur de ne pas être dans le bon ton, à côté de la plaque, mal compris·e… la liste des barrières que l'on se met est longue, trop longue ! Pour contrer ses pensées limitantes, le mieux reste encore de passer à l'action. Et c'est là qu'on intervient ! Ce guide va vous accompagner, pas à pas, dans la réflexion et la construction de cette fameuse marque personnelle, *aka* celle qui va vous permettre de vous sentir bien au travail en toutes circonstances. Et qui, surtout, vous permettra d'incarner la personne exceptionnelle et unique que vous êtes.

« Tu n'y verras clair qu'en regardant en toi.

Qui regarde l'extérieur rêve.

Qui regarde en lui-même s'éveille. »

CARL GUSTAV JUNG, PSYCHIATRE SUISSE

II. MIEUX SE

POUR MIEUX

CONNAÎTRE

SE RACONTER

Avez-vous déjà éprouvé le fameux trio « rougeur, sueur et cafouillage » ? Mais si, vous savez bien, le trio infernal qui a la fâcheuse tendance à débarquer en plein entretien d'embauche sans avoir été convié ! Généralement, il pointe le bout de son nez dès que résonne dans la pièce LA question brise-glace préférée de tou·te·s les recruteur·e·s: « Allez maintenant, parlez-moi de vous. » Bonjour malaise. Mais comment une phrase d'introduction, en apparence banale, peut-elle faire monter aussi facilement la température de notre corps, voire embrumer notre cerveau ? L'explication se trouve du côté de son sens profond. C'est que la même question en version « dénudée » revient à demander directement: « Mais en fait, qui es-tu ? » Oups, on regretterait presque la première version. D'autant que pour y répondre, on a tendance à proposer un récital du paragraphe « expériences » de notre CV, ce qui n'est pas au goût de nos interlocuteur·trice·s. Et c'est bien normal ! Ils ne nous reçoivent pas pour entendre une lecture interactive d'un texte qu'ils ont déjà sous les yeux, non. Ils veulent embaucher une personne, pas une liste de compétences (du moins pas que), et pour y arriver, ils veulent savoir qui vous êtes et il n'y a même pas de piège là-dessous.

Alors, pourquoi est-ce si déroutant de parler de soi ? A priori, tout simplement parce que (bien) se connaître est terriblement difficile, pour ne pas dire la quête d'une vie. Une quête aussi universelle qu'ancienne, comme en témoigne la célèbre maxime « Connais-toi toi-même » qui, avant de devenir le mantra de

Socrate, s'affichait déjà sur un flanc du mont Parnasse dans la cité de Delphes (la plus ancienne cité connue à ce jour). Et qui, 2000 ans plus tard donc, est toujours aussi importante, tant elle est la condition *sine qua non* à notre épanouissement dans la vie. Il n'y a pas de secret, pour être dans la bonne direction, prendre les bonnes décisions, se réaliser pleinement et en accord avec qui nous sommes profondément, on a besoin de connaître ses valeurs, comprendre son mode de fonctionnement, avoir identifié ce qui nous motive, ce qui fait sens pour nous… Bref, d'avoir pris le temps de se regarder dans un miroir pour y déceler un maximum d'indices dans notre reflet. Quels sont mes traits de personnalité ? Mes atouts ? Mes compétences ? Mes aspirations ?… Au-delà de résoudre une partie de la grande énigme que nous sommes, ces précieux enseignements vont venir alimenter notre base de données personnelle, celle à laquelle on ne manquera pas de se référer au moment de parler de nous, et qui sait, qui nous permettra peut-être même de briller la prochaine fois qu'on nous demandera « Allez maintenant, parlez-moi de vous » ou son équivalent du quotidien, « Et sinon, tu fais quoi dans la vie ? »

Dans le chapitre qui suit, on vous embarque donc dans une grande enquête introspective ! Une enquête à poursuivre autant sur le terrain de l'intime que du professionnel, car c'est bien en explorant tous les pans de notre vie qu'on obtiendra de remarquables révélations. Spoiler alerte : on n'est pas que la somme de nos diplômes et de nos jobs, et ça c'est plutôt une bonne nouvelle. Allez, sortez votre imperméable et votre loupe du placard, on part à la chasse aux indices.

AVANT DE SE LANCER

MISE EN CONDITION

Avant chacun des exercices proposés dans ce livre, mettez-vous dans les meilleures dispositions possibles :

- En mode avion : installez-vous dans un endroit calme où vous ne serez pas interrompu·e
- Nécessaire à écrire : sur un carnet ou sur votre ordinateur, stylo ou clavier à la main, tenez-vous prêt·e à noircir de nouvelles pages
- Faire le vide dans son esprit : essayez de vous détendre pour avoir les idées claires et rester concentré·e

LE MOODBOARD DE VOTRE PERSONNALITÉ

Les conseils, questionnements et petits exercices de ce chapitre vont vous aider à construire pas à pas votre moodboard page 84.
C'est un schéma simple qui reprend l'ensemble des informations à propos de votre personnalité pour nourrir votre récit personnel.
Vous pouvez le reproduire sur papier libre ou utiliser directement celui page 84 : à chaque fin d'exercice, reportez vos conclusions dans les encadrés pour le compléter.

1.

« QUI SUIS-JE ? »

SES VALEURS PERSONNELLES

« Les valeurs sont les convictions que nous considérons comme particulièrement importantes pour nous, celles qui constituent nos repères essentiels, et qui nous servent à effectuer nos choix les plus cruciaux », nous indique Shalom H. Schwartz, dans sa théorie sur les valeurs personnelles (1992). Pour le professeur en psychologie sociale, si certaines de nos valeurs peuvent être universellement partagées, telles l'autonomie, la sécurité ou la bienveillance, chaque individu se distingue par sa propre hiérarchisation de valeurs. Fruits de notre vision du monde, de notre culture, de notre éducation et de notre expérience, nos valeurs incarnent nos idéaux et sont le socle de notre éthique personnelle. Au quotidien – de façon consciente ou inconsciente – elles sont des sources de motivation qui guident nos comportements. Par exemple, une personne priorisant la valeur « stimulation » sera attirée par une offre d'emploi qui comporte des défis ou qui induit une prise de risques, quand une personne valorisant la « sécurité » trouvera la même offre repoussante.

Et parce que nos valeurs sont des croyances personnelles, elles sont aussi subjectives : chaque individu les interprète différemment. Surtout, elles peuvent prédominer, s'estomper ou changer avec le temps au gré des expériences. Il n'est pas rare, lorsque l'on devient parent par exemple, que la valeur « famille » vienne se placer en pole position au sein de notre hiérarchie de valeurs personnelles.

Alors, Nord, Sud, Ouest, Est : vous êtes prêt·e à nommer vos valeurs cardinales, aka celles qui animent votre boussole interne au quotidien ? C'est parti !

EXERCICE

Identifier ses valeurs personnelles

1. Ce que vous aimez le plus

Commencez par énumérer les choses que vous aimez le plus faire dans la vie. Pour y arriver, vous pouvez vous appuyer sur ces trois questions :

- Qu'est-ce qui est le plus important pour moi dans la vie ?
- Qu'est-ce que j'aime faire au point de ne pas voir le temps passer ?
- Qu'est-ce qui me rend heureux·se ?

À partir de l'ensemble de vos réponses, dressez une liste de dix éléments.

Exemples :

1. Passer du temps à jouer avec mes enfants est primordial pour moi.

2. J'adore jouer au tennis et surtout gagner mes matchs !

3. Au travail, j'ai à cœur d'aider mes clients en leur proposant des solutions.

2. Les bonnes associations

• Quelles émotions ou sentiments ces activités évoquent-elles en vous?

Associez-les à une ou plusieurs valeurs.

Exemple:

1. Je suis toujours très excité·e à l'idée de démarrer un nouveau projet, j'aime quand il y a tout à construire et imaginer = valeur défi et créativité

3. L'heure du tri

Face à la complexité de notre personnalité, la liste peut être longue! Pour mieux révéler qui nous sommes, on se concentre sur nos cinq valeurs les plus fortes, celles qui nous représentent le mieux. Deux étapes pour les prioriser:

• Trier. Certaines valeurs sont proches et peuvent être regroupées sous une même valeur-parapluie.

Exemple:

Altruisme, bienveillance et compassion peuvent se rassembler sous la valeur «bienveillance».

LISTE DE VALEURS (NON EXHAUSTIVE) POUR VOUS INSPIRER :

- ABONDANCE
- ACCOMPLISSEMENT
- ACTUALITÉ
- ADAPTABILITÉ
- ADORATION
- AFFECTION
- AISANCE
- ALTRUISME
- AMBITION
- AMOUR
- ANTICIPATION
- APPARTENANCE
- APPRÉCIATION
- ASSURANCE
- ATTRACTION
- AUDACE
- AUTO-DISCIPLINE
- AUTONOMIE
- AVENTURE
- BEAUTÉ
- BIENVEILLANCE
- BONHEUR
- BRAVOURE
- CALME
- CAMARADERIE
- CARITATIF
- CÉLÉBRITÉ
- CERTITUDE
- CHALEUR
- CHARME
- CLARTÉ
- COHÉRENCE
- COLLABORATION
- COMPASSION
- COMPÉTENCE
- COMPRÉHENSION
- CONCENTRATION
- CONFIANCE EN SOI
- CONFORMITÉ
- CONFORT
- CONNEXION
- CONSCIENCE
- CONTENTEMENT
- CONTRIBUTION
- CONTRÔLE
- CONVICTION
- CONVIVIALITÉ
- COOPÉRATION
- CORDIALITÉ
- COURAGE
- COURTOISIE
- CRÉATIVITÉ
- CRÉDIBILITÉ
- CURIOSITÉ
- DÉCOUVERTE
- DÉFI
- DÉSIR
- DÉTERMINATION
- DEVOIR
- DÉVOTION
- DISCERNEMENT
- DISCIPLINE
- DISCRÉTION
- DIVERSITÉ
- DOMINATION
- DON
- DYNAMISME
- ÉDUCATION
- EFFICACITÉ
- ÉGALITÉ
- ÉLÉGANCE
- EMPATHIE
- ENCOURAGEMENT
- ENDURANCE
- ÉNERGIE
- ENGAGEMENT
- ENTHOUSIASME
- ÉQUITÉ
- ESPÉRANCE
- ÊTRE LE/LA MEILLEUR.E
- EUPHORIE
- EXACTITUDE
- EXCELLENCE
- EXPÉRIENCE
- EXPERTISE
- EXPLORATION
- EXPRESSIVITÉ
- EXTASE
- EXTRAVAGANCE
- FAMILLE
- FASCINATION
- FIABILITÉ
- FIDÉLITÉ
- FLEXIBILITÉ
- FORCE
- FRANCHISE
- FRUGALITÉ
- FUN
- GAGNER
- GAIETÉ
- GÉNÉROSITÉ
- GRÂCE
- GRATITUDE
- HARMONIE INTÉRIEURE
- HÉROÏSME
- HONNÊTETÉ
- INTELLIGENCE
- INTRÉPIDITÉ
- JOIE
- LIBERTÉ
- INDÉPENDANCE
- MAÎTRISE
- PAIX
- PARTAGE
- PERFORMANCE
- PLAISIR
- POLITESSE
- POUVOIR
- SOCIAL
- PRISE DE DÉCISION
- RAFFINEMENT
- RÉCIPROCITÉ
- RÉFLEXION
- RELAXATION
- REPOS
- RÉSILIENCE
- RESPECT
- RETENUE
- RÊVE
- RICHESSE
- RIGUEUR
- SACRÉ
- SAGESSE
- SANG-FROID
- SANTÉ
- SATISFACTION
- SÉCURITÉ
- SELF-CONTRÔLE
- SENS DE LA VIE
- SENSIBILITÉ
- SÉRÉNITÉ
- SERVICE
- SIMPLICITÉ
- SINCÉRITÉ
- SOLIDARITÉ
- SOLIDITÉ
- SOLITUDE
- SOUTIEN
- SPIRITUALITÉ
- SPONTANÉITÉ
- STABILITÉ
- SUCCÈS
- SUPRÉMATIE
- SYMPATHIE
- TRADITION
- TRANQUILLITÉ
- TRANSCENDANCE
- TRAVAIL D'ÉQUIPE
- UNITÉ
- UTILITÉ
- VALEUR
- VARIÉTÉ
- VÉRITÉ
- VIE SPIRITUELLE
- VIGILANCE
- VISION
- VITALITÉ

• Hiérarchiser. Pour y arriver, vous pouvez procéder par élimination en faisant des paires et en vous demandant : « Entre ces deux valeurs, si je n'avais pas le choix et que je devais vivre sans l'une d'elles, laquelle pourrais-je sacrifier ? » Procédez ainsi, jusqu'à ne garder que les valeurs qui prédominent.

• Après cet élagage, listez vos cinq valeurs personnelles essentielles.

4. Le résultat

Les valeurs humaines exprimées dans votre liste doivent s'imposer comme une évidence. En proie au doute ? À côté de chaque valeur, écrivez le sens précis que vous y mettez, cela vous aidera à vérifier qu'elles résonnent bien en vous.

En même temps que nous, nos valeurs évoluent tout au long de notre vie : n'hésitez pas à les ré interroger régulièrement en vous re-prêtant à cet exercice.

PLAN B : S'INSPIRER DE SES HÉROS

• Pensez aux personnes que vous admirez profondément : cela peut être des personnes que vous connaissez, comme un ami, un proche, un collègue, un mentor, mais aussi une personnalité publique, ou un héros de roman, de film ou de série qui vous inspire, etc. Choisissez quatre personnes.

• Demandez-vous : Quelles sont les qualités ou réussites que j'admire particulièrement chez ces personnes ? Que défendent-elles ?

Notez ces informations à côté de chaque nom de personnage.

• En reprenant vos notes, et d'après ce que vous avez analysé chez eux, proposez les principales valeurs que ces personnes incarnent.

• Et parce que, bien souvent, nous admirons chez autrui les valeurs qui se reflètent en nous, regroupez les réponses obtenues :

Y a t-il des valeurs qui reviennent ou se répètent ? Pouvez-vous vous identifier ? Si oui, reprenez l'exercice à l'étape 3 : l'heure du tri pour les hiérarchiser jusqu'à obtenir votre liste de cinq valeurs personnelles prioritaires.

Peu importe la méthode pour laquelle vous avez opté, vous pouvez désormais ajouter votre liste de valeurs à votre moodboard sur papier libre ou à la page 84.

SES TRAITS DE PERSONNALITÉ

Quand, en entretien d'embauche, on nous demande de citer les trois qualités et trois défauts qui nous définissent, souvent on est, au choix, totalement désarmé·e ou, au contraire, extrêmement bien préparé·e au point qu'on en perd toute authenticité, préférant évoquer des traits de caractère qui ne nous correspondent qu'à moitié (petite dédicace à tous les candidats «trop perfectionnistes»). On peut trouver l'approche classique voire vieillotte, pourtant connaître ses forces et ses faiblesses est un passage obligé pour une meilleure connaissance de soi. Nos qualités et nos défauts révèlent des caractéristiques essentielles de notre personnalité, et permettent – sans être exhaustifs – de dresser un portrait de nous à l'aide d'adjectifs minutieusement sélectionnés.

Manque d'objectivité oblige, déterminer ses forces et faiblesses seul·e, est un exercice périlleux. Alors pour nous y aider, on appelle ses proches à la rescousse. Pour la psychologue, coach profesionnelle, et experte du Lab par Welcome to the Jungle, Cécile Pichon, les autres sont une clé de compréhension de soi incontournable: «J'ai l'exemple d'une de mes coachées, chef de projet, incapable de se décrire la professionnelle qu'elle était. Pourtant, en questionnant ses collègues, c'était évident: sa qualité principale était l'audace. Elle était celle qui n'avait pas froid aux yeux, qui acceptait les projets les plus risqués et qui osait dire ce qu'elle pense à son manager. Ça aurait été dommage de passer à côté de ce super trait de caractère!» Prêt·e à poursuivre votre enquête? On part sur le terrain, interroger les témoins.

EXERCICE

Identifier ses qualités essentielles

1. Votre vision

Listez ce qui, de votre point de vue, constitue vos principales (entre 3 et 5) qualités et défauts. Soyez sans filtre ! Cette liste est personnelle et ne vous engage pas à ce stade, alors laissez parler votre spontanéité.

2. Ce que les autres pensent de vous

• Sélectionner six personnes de votre entourage en variant vos sources. Optez pour :

- Trois profils différents de **votre cercle intime** comme des membres de votre famille, conjoint·e, ami·e etc.

- Trois profils différents de **votre cercle professionnel** : ancien·ne ou actuel·le manager, collègue de même niveau etc.

Pour les deux cercles, choisissez des contacts anciens et récents : ils ne révèleront pas les mêmes choses à propos de vous.

• Demandez-leur quelles sont vos principales qualités et principaux défauts selon eux, et de donner des exemples pour les illustrer.

• Collectez l'ensemble des réponses.

3. Exploitez vos réponses

• Rassemblez dans un tableau à deux colonnes vos réponses et celles de vos proches.

• Analysez :

- Est-ce que vos réponses et celles de votre entourage sont très différentes ? Si oui, pourquoi ?
- Y a t-il une grande différence entre ce que disent les personnes issues du milieu professionnel et celles du milieu personnel ? Si oui, cela veut dire que vous ne montrez pas les mêmes facettes de votre personnalité selon la sphère dans laquelle vous évoluez, à vous de voir si cela vous convient ou si vous souhaitez le changer.
- Enfin, relevez les points de convergence : quels sont les qualités et les défauts qui reviennent et qui vous paraissent corrects ?

• Faites une synthèse :

À la suite de l'analyse de ces données, rédigez un court portrait qui reprend vos traits de caractère essentiels. Pas besoin d'être exhaustif·ve ni d'exprimer autant de qualités que de défauts : gardez ce qui vous semble le plus important et le plus différenciant à propos de votre personnalité.

Exemple :
Courageuse et téméraire, j'ai à cœur d'aller au bout de tous les projets que j'entreprends ! D'un naturel drôle et enjoué, je divertis et amuse mon entourage qui apprécie ma compagnie. En revanche, mon humour potache n'est pas du goût de tout le monde et peut me rendre impolie.

Reportez ce mini-portrait dans votre moodboard sur papier libre ou directement page 84.

QUALITÉS

- À L'ÉCOUTE
- ABORDABLE
- ACCESSIBLE
- ACCOMPLI
- ACCUEILLANT
- ACTIF
- ADMIRABLE
- ADORABLE
- ADROIT
- AFFABLE
- AFFECTUEUX
- AFFIRMATIF
- AGRÉABLE
- AIDANT
- AIMABLE
- AMBITIEUX
- AMICAL
- AMUSANT
- ANIMÉ
- APAISANT
- APPLIQUÉ
- ARDENT
- ARTISTIQUE
- ASSERTIF
- ASSIDU
- ASTUCIEUX
- ATTACHANT
- ATTENTIF
- ATTENTIONNÉ
- ATTRACTIF
- AUDACIEUX
- AUTHENTIQUE
- AUTONOME
- AUTORITAIRE
- AVENANT
- AVENTUREUX
- BAVARD
- BEAU
- BIENFAISANT
- BIENSÉANT
- BIENVEILLANT
- BON
- BRAVE
- BRILLANT
- BÛCHEUR
- CÂLIN
- CALME
- CAPABLE
- CAPTIVANT
- CHALEUREUX
- CHANCEUX
- CHARISMATIQUE
- CHARITABLE
- CHARMANT
- CHARMEUR
- CHOUETTE
- CIVIL
- CLÉMENT
- COHÉRENT
- COMBATIF
- COMIQUE
- COMMUNICATIF
- COMPATISSANT
- COMPÉTENT
- COMPÉTITIF
- COMPLAISANT
- COMPLICE
- COMPRÉHENSIF
- CONCENTRÉ
- CONCERNÉ
- CONCILIANT
- CONFIANT
- CONSCIENCIEUX
- CONSÉQUENT
- CONSTANT
- CONTENT
- CONVAINCANT
- CONVENABLE
- COOPÉRATIF
- COURAGEUX
- COURTOIS
- CRÉATIF
- CRITIQUE
- CULTIVÉ
- CURIEUX
- DÉBONNAIRE
- DÉBROUILLARD
- DÉCIDÉ
- DÉCONTRACTÉ
- DÉLICAT
- DÉTENDU
- DÉTERMINÉ
- DÉVOUÉ
- DIGNE
- DIGNE DE CONFIANCE
- DILIGENT
- DIPLOMATE
- DIRECT
- DISCIPLINÉ
- DISCRET
- DISPONIBLE
- DISTINGUÉ
- DISTRAYANT
- DIVERTISSANT
- DOUÉ
- DOUX
- DROIT
- DRÔLE
- DYNAMIQUE
- ÉBLOUISSANT
- ÉCLATANT
- ÉCONOME
- EFFICACE
- ÉGAYANT
- ÉLOQUENT
- ÉMOUVANT
- EMPATHIQUE
- ENCOURAGEANT
- ENDURANT
- ENERGIQUE
- ENGAGÉ
- ENJOUÉ
- ENTHOUSIASTE
- ENTREPRENANT
- ÉPANOUI
- GALANT
- HUMBLE
- HUMORISTIQUE
- IMAGINATIF
- IMPLIQUÉ
- INDULGENT
- INFATIGABLE
- INFLUENT
- INGÉNIEUX
- INOUBLIABLE
- INSPIRÉ
- INTÈGRE
- INTELLIGENT
- INTÉRESSÉ
- INTRÉPIDE
- INTUITIF
- INVENTIF
- JOVIAL
- JOYEUX
- JUDICIEUX
- JUSTE
- LEADER
- LIBÉRÉ
- LIBRE
- LOGIQUE
- LOYAL
- LUCIDE
- MAGISTRAL
- MAÎTRE DE SOI
- MALIN
- MATURE
- MÉRITANT
- MÉTHODIQUE
- MIGNON
- MINUTIEUX
- MODÈLE
- MODESTE
- MORAL
- MOTIVÉ
- NATUREL
- NOBLE
- NOVATEUR
- NUANCÉ
- OBJECTIF
- OBLIGEANT
- OBSERVATEUR
- OPINIÂTRE
- OPTIMISTE
- ORDONNÉ
- ORGANISÉ
- ORIGINAL
- OUVERT
- PACIFICATEUR
- PACIFIQUE
- PAISIBLE
- PASSIONNANT
- PASSIONNÉ
- PATIENT
- PERSÉVÉRANT
- PERSPICACE
- PERSUASIF
- PÉTILLANT
- PHILOSOPHE
- PLAISANT
- POLI
- POLYVALENT
- PONCTUEL
- PONDÉRÉ
- POSÉ
- POSITIF
- PRAGMATIQUE
- PRATIQUE
- PRÉCIS
- PRÉSENT
- PRÉVENANT
- PRÉVOYANT
- PRODUCTIF
- PROPRE
- PROTECTEUR
- PRUDENT
- PUGNACE
- PUR
- RAFFINÉ
- RAISONNABLE
- RASSURANT
- RATIONNEL
- RÉALISTE
- RÉCEPTIF
- RÉCONFORTANT
- RÉFLÉCHI
- RÉSISTANT
- RÉSOLU
- RESPECTUEUX
- RESPONSABLE
- RIGOUREUX
- ROMANTIQUE
- RUSÉ
- SAGE
- SAVANT
- SÉDUISANT
- SENSIBLE
- SEREIN
- SÉRIEUX
- SERVIABLE
- SINCÈRE
- SOCIABLE
- SOCIAL
- SOIGNEUX
- SOLIDE
- SOURIANT
- SPORTIF
- STABLE
- STIMULANT
- STRATÈGE
- STRUCTURÉ
- STUDIEUX
- SÛR DE SOI
- SYMPATHIQUE
- TALENTUEUX
- TEMPÉRÉ
- TENACE
- TENDRE
- TIMIDE
- TOLÉRANT
- TRANQUILLE
- TRAVAILLEUR
- UNIQUE
- VAILLANT
- VALEUREUX
- VIF
- VIGILANT
- VIGOUREUX
- VIVACE
- VOLONTAIRE
- VOLUBILE
- VRAI

DÉFAUTS

- ABRUPT
- ACCRO
- ACCUSATEUR
- ACERBE
- AGRESSIF
- AIGRI
- AMATEUR
- AMORPHE
- ANGOISSÉ
- ANXIEUX
- ARBITRAIRE
- ARRIVISTE
- ARROGANT
- ASOCIAL
- ASSISTÉ
- AUTORITAIRE
- AVARE
- BAGARREUR
- BARATINEUR
- BAVARD
- BLASÉ
- BLESSANT
- BORNÉ
- BOUDEUR
- BROUILLON
- BRUTE
- BRUYANT
- CACHOTTIER
- CALCULATEUR
- CAPRICIEUX
- CARACTÉRIEL
- CARICATURAL
- CARRIÉRISTE
- CASSANT
- CASSE-COU
- CATASTROPHISTE
- CAUSTIQUE
- CENSEUR
- COLÉREUX
- COLÉRIQUE
- COMPLEXÉ
- COMPLIQUÉ
- CONFUS
- CRÉDULE
- CRUEL
- CYNIQUE
- DÉBORDÉ
- DÉFAITISTE
- DÉPENSIER
- DÉSINVOLTE
- DÉSOBÉISSANT
- DÉSORDONNÉ
- DÉSORGANISÉ
- DIABOLIQUE
- DISTRAIT
- DOCILE
- DOMINATEUR
- DRAGUEUR
- ÉGOCENTRIQUE
- ÉGOÏSTE
- ÉMOTIF
- ENIGMATIQUE
- ENTÊTÉ
- ENVAHISSANT
- ENVIEUX
- ÉTOURDI
- EXCENTRIQUE
- EXCESSIF
- FAINÉANT
- FAMILIER
- FANTASQUE
- FATALISTE
- FROID
- GROSSIER
- HAUTAIN
- HÉSITANT
- HUMILIANT
- HYPOCRITE
- IMBU DE LUI-MÊME
- IMMATURE
- IMPATIENT
- IMPRUDENT
- IMPULSIF
- INACCESSIBLE
- INATTENTIF
- INCOMPÉTENT
- INCONSTANT
- INCULTE
- INDÉCIS
- INDISCRET
- INDOMPTABLE
- INFLUENÇABLE
- INSATISFAIT
- INSIGNIFIANT
- INSOUCIANT
- INSTABLE
- INTÉRESSÉ
- INTOLÉRANT
- INTRANSIGEANT
- INTROVERTI
- IRONIQUE
- IRRÉALISTE
- IRRESPECTUEUX
- IRRESPONSABLE
- JALOUX
- JOUEUR
- LAXISTE
- LENT
- LUNATIQUE
- MACHO
- MAGNANIME
- MAL À L'AISE
- MAL ÉLEVÉ
- MALADROIT
- MALHONNÊTE
- MANIAQUE
- MANIÉRÉ
- MANIPULATEUR
- MÉCHANT
- MÉDIOCRE
- MÉDISANT
- MÉFIANT
- MÉGALOMANE
- MENTEUR
- MÉPRISANT
- MESQUIN
- MISOGYNE
- MOQUEUR
- MOU
- MUET
- MYSTÉRIEUX
- MYTHOMANE
- NAÏF
- NARCISSIQUE
- NÉGATIF
- NÉGLIGEANT
- NERVEUX
- NONCHALANT
- OBSTINÉ
- OBTUS
- ODIEUX
- OPINIÂTRE
- ORGUEILLEUX
- PARESSEUX
- PASSIF
- PÉDANT
- PERSÉCUTEUR
- PERVERS
- PESSIMISTE
- PEUREUX
- PLAINTIF
- POSSESSIF
- PRÉSOMPTUEUX
- PRÉTENTIEUX
- PROCRASTINATEUR
- PROFITEUR
- PROVOCATEUR
- PUÉRIL
- RACISTE
- RADIN
- RÂLEUR
- RANCUNIER
- REBELLE
- RENFERMÉ
- RÉSERVÉ
- RÉSIGNÉ
- RÉTROGRADE
- REVANCHARD
- REVÊCHE
- RÉVOLTÉ
- RIGIDE
- RINGARD
- ROUTINIER
- SANS-GÊNE
- SARCASTIQUE
- SECRET
- SENSIBLE
- SOLITAIRE
- SOMBRE
- SOUPÇONNEUX
- SOURNOIS
- STRESSÉ
- STRICT
- STUPIDE
- SUFFISANT
- SUPERFICIEL
- SUSCEPTIBLE
- TATILLON
- TEMPÉTUEUX
- TÊTU
- TIMIDE
- TRISTE
- VANITEUX
- VERSATILE
- VULGAIRE

le +

Un peu de clémence

Pour l'experte en transitions professionnelles Cécile Pichon, s'il peut être intéressant de prendre conscience de ses faiblesses (et on en a tous), il faut surtout apprendre à se lâcher la grappe ! Dans le cadre de cet exercice, voire dans la vie en général, nul besoin de se focaliser dessus : « Le plus souvent, nos défauts ne sont que le pendant de nos qualités et ce n'est pas un poncif ! L'envisager sous cet angle, nous allège et aide à s'accepter. » Ainsi, un·e désordonné·e est souvent multitâches, un·e impatient·e très réactif·ve et un·e obstiné·e, tout simplement un·e grand·e passioné·e... Une bonne raison d'accepter nos défauts, voire de les considérer positivement.

TEST OU PAS TEST?

Le MBTI (Myers Briggs Type Indicator), le PAPI, le SOSIE, le test OCEAN (ou Big Five), le Clifton Strengths Finder, la boussole… En ligne ou dans les livres de développement personnel, les tests de personnalité foisonnent. Et l'offre est alléchante: répondre à un simple questionnaire et accéder à un profil type qui va décoder notre personnalité. Un outil parmi d'autres pour apprendre à se connaître? Pour la psychologue et coach professionnelle Cécile Pichon, il faut prendre ces tests pour ce qu'ils sont, à savoir une grille de lecture: «De prime abord, ils sont hautement satisfaisants car ils permettent de simplifier la pensée: on se dit "je suis un introverti·e ou un extraverti·e, alors je comprends mieux mon fonctionnement", sauf que c'est aussi schématique et réducteur! Personne ne correspond 100% à un profil type, et le risque de s'enfermer soi-même dans une case est grand.» Des profils types à mettre en perspective avec une analyse plus poussée de sa personnalité donc, si possible au côté d'un·e professionnel·le qui sera en mesure de les nuancer.

Après avoir cerné les contours de notre personnalité, l'introspection se poursuit: direction le bureau. On va creuser côté boulot pour peindre une autre facette de notre portrait, à savoir le·a professionnel·le que nous sommes, et/ou que nous pouvons devenir.

2. «QUEL•LE PROFES--SIONNEL•LE SUIS-JE ?»

SON PARCOURS

Quelle que soit la carrière que l'on poursuit, on a tous parcouru un petit bout de chemin qui nous a conduit où nous sommes aujourd'hui. Prendre le temps de retracer et d'analyser ce vécu va nous éclairer sur ce qui nous motive, nous énergise, les moyens dont on dispose pour réagir aux événements. Sans oublier d'inclure les aspects de notre vie intime : nos hobbies font aussi partie de notre identité professionnelle (un entraîneur d'équipe de foot du dimanche aime leader un groupe, n'est-ce pas ?) Autant d'éléments clefs qui vont nous aider à définir notre identité professionnelle, celle que l'on veut incarner dans notre marque personnelle. Alors, tenez-vous prêt·e, on pose sa montre pour mieux remonter le temps !

EXERCICE

Tracer sa ligne de vie

1. Votre trajectoire

Reproduisez le schéma ci-dessous.
Puis dessinez intuitivement votre ligne de vie en remontant jusqu'à 15 ou 20 ans en arrière.

Tracez :

1. Les sommets de votre vie au-dessus de la ligne verte : période de développement, de réalisation personnelle et professionnelle.

2. Les vallées : période de repli, de doute.

Notez :

Les dates, les personnes importantes, les lieux, les activités choisies, les événements.

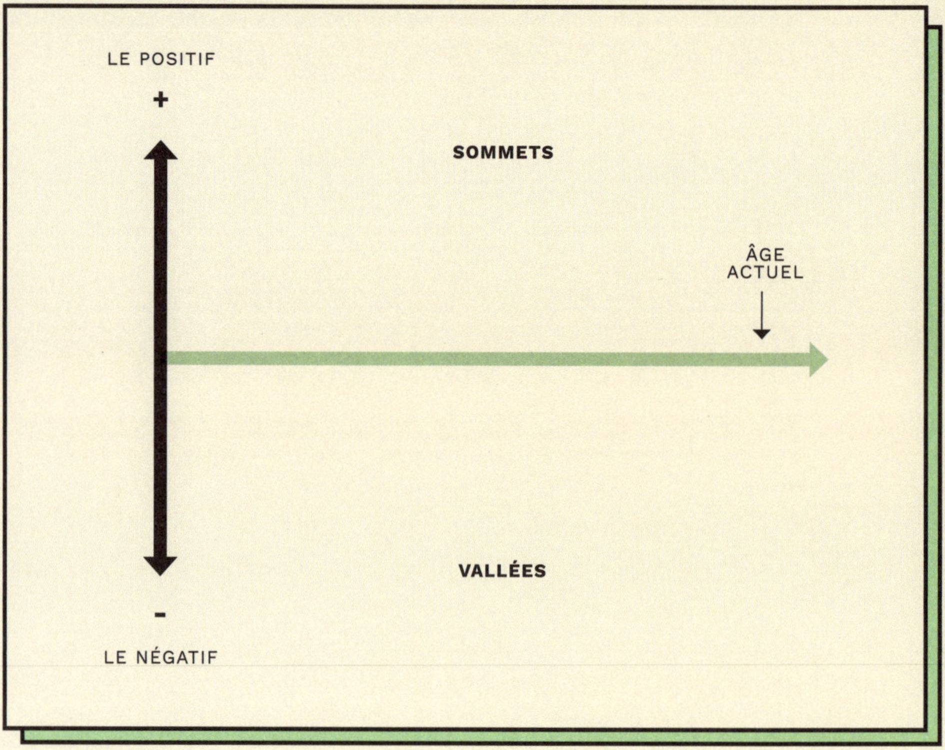

2. Lire votre ligne de vie

Observez attentivement vos données, et déduisez :

- Qu'est ce qui a constitué mes bons moments, mes réussites ? Et les mauvais ? Que m'ont-ils respectivement appris ?
- Qu'ai-je mis en œuvre (moyens, compétences, qualités) pour passer de chacune des vallées à chacun des sommets ?

À partir de cette réflexion, identifiez :

- Quel est mon moteur pour changer ? Exemple : nouveauté, relations, colère...
- Mais aussi, où est-ce que je puise ma motivation pour rester longtemps à un poste ou m'adonner à une activité ?
- Comment je recharge mon énergie ?

Faites-en une synthèse de quelques lignes à propos de vos motivations.

<u>Exemple :</u>

- C'est l'ennui et la sensation de ne pas exploiter toutes mes compétences qui me donnent généralement l'envie de changer de job.

Reportez vos motivations dans votre moodboard sur papier libre ou directement page 84.

SES COMPÉTENCES PROFESSIONNELLES

Sur nos CV (où elles ont désormais une rubrique dédiée), dans le descriptif des offres d'emploi, des fiches de postes, des descriptifs métiers, au cœur des discussions en entretien, en évaluation, en formation, points d'orgue pour évoquer un parcours, un cursus, une carrière... Bref, au travail, les compétences professionnelles sont sur toutes les lèvres et au centre de toutes les attentions. Mais que recouvre ce terme parfois un peu fourre-tout? En France, on considère la compétence comme étant un ensemble de savoirs (connaissances théoriques), de savoir-faire (compétences opérationnelles) et de savoir-être (comportements et attitudes professionnels) que l'on active pour exécuter une tâche ou accomplir une mission. Plus simplement, l'approche anglo-saxonne adopte une vision binaire des compétences professionnelles avec d'un côté...

- **les hard skills** («compétences dures») qui regroupent à la fois savoirs et savoir-faire. Des compétences mesurables, techniques ou académiques acquises pendant le parcours universitaire ou professionnel, certifiables par l'obtention d'un diplôme ou d'un titre et parfois indispensables pour exercer un métier.

Exemple:

Maîtriser un langage informatique.

… et de l'autre :

- **les soft skills** (« compétences douces ») qui sont l'équivalent des savoir-être. Des compétences relationnelles, humaines et émotionnelles qui sont transversales, c'est-à-dire qui ne sont pas liées à un métier ou un contexte particulier, comme par exemple le pouvoir de persuasion. Si chaque individu dispose de certaines prédispositions, les soft skills ne sont pas des traits de personnalité mais bien des compétences que l'on a acquises au gré de nos expériences. Pas de fatalité en somme : des méthodes et des techniques peuvent très bien former aux soft skills.

Exemple :

L'intelligence émotionnelle, qui est une capacité à identifier, comprendre et traiter ses émotions ainsi que celles des autres, se travaille !

L'avènement des softs skills

Des soft skills, qui ont le vent en poupe, jusque dans les descriptifs des offres d'emploi où l'on n'hésite plus à préciser les savoir-être attendus pour prétendre aux postes proposés. En cause : la digitalisation des métiers. Un contexte dans lequel les aptitudes humaines et transversales, sur lesquelles on peut compter le long terme, ont plus de valeur que des compétences techniques mais périssables. D'après l'OCDE (Organisation de coopération et de développement économique), la durée de vie moyenne d'une hard skill oscille désormais entre 12 et 18 mois (contre environ 40 ans dans les années 1970).

Les compétences qui ont de l'avenir

D'après le rapport sur le futur des métiers (2020) du Forum économique mondial, voici le top 10 des soft skills à maîtriser aujourd'hui et demain :

	EN 2020	EN 2030
1	Résolution de problèmes complexes	Jugement et prise de décisions
2	Pensée critique	Fluidité des idées
3	Créativité	Apprentissage actif
4	Gestion du personnel	Stratégie d'apprentissage
5	Facilité à se coordonner avec les autres	Originalité
6	Intelligence émotionnelle	Évaluation des systèmes
7	Jugement et prise de décisions	Raisonnement déductif
8	Orientation service	Résolution de problèmes complexes
9	Négociation	Analyse des systèmes
10	Flexibilité cognitive	Surveillance continue

Au travail, quelle que soit la situation, vous l'aurez compris, on mise sur (toutes) ses compétences ! Pour mieux les valoriser et les incarner dans sa marque personnelle, on commence par faire un état des lieux à l'aide des petits exercices suivants.

le +

Zoom sur le bilan de compétences « officiel »

« Le bilan de compétences permet à son bénéficiaire d'analyser ses compétences professionnelles et personnelles, ses aptitudes et motivations, afin de définir un projet professionnel et, le cas échéant, un projet de formation » (extrait de l'article 900-2 du Code du Travail). Ce dispositif légal (c'est un droit) est un accompagnement individuel qui se réalise auprès d'un professionnel agréé (souvent un coach professionnel), pendant ou en dehors du temps de travail, sur plusieurs semaines (24 heures au total, réparties dans le temps). Réalisable à tous les stades d'une vie professionnelle pour faire le point, il s'avère particulièrement pertinent lors d'un projet de reconversion professionnelle ou pour relancer sa carrière. Consultez les sites du service-public.fr et moncompteformation.gouv.fr pour plus d'informations. Dans les pages qui suivent, on vous propose une version allégée de ce dispositif, mais néanmoins adaptée à une démarche de personal branding.

EXERCICE

Identifier ses compétences

Identifier nos compétences est capital pour définir le·la professionnel·le que nous sommes. Nous allons d'abord nous intéresser à ce qui constitue vos hard skills, donc vos savoirs ainsi que vos savoir-faire, avant de nous intéresser à vos savoir-être, ces fameuses soft skills.

1. Vos savoirs

- Faites la liste de toutes vos connaissances

Listez ce que vous avez appris pendant vos études, lors de vos expériences professionnelles passées ou en vous adonnant à vos passions. Il s'agit de passer en revue tout ce dont vous connaissez (même partiellement) les règles, les principes théoriques, les techniques, les méthodes, les processus…

Pour les verbaliser, utilisez cette formule :

JE CONNAIS **+ NOM**

Exemples :

- Je connais **le droit de la propriété intellectuelle.**
- Je connais **les logiciels de la suite Creative Adobe (Photoshop, InDesign, Illustrator...).**
- Je connais **l'histoire de l'art.**

• Analysez vos réponses :

- Est-ce que mes connaissances sont issues d'un domaine professionnel bien précis ? Est-ce que l'obsolescence de ces connaissances pourrait contrarier ma carrière ? Si la réponse à l'une de ces questions est oui, vous êtes plutôt un profil « expert ».

Exemple :

Je connais la législation du droit de la propriété intellectuelle.

- Est-ce que mes connaissances sont au contraire plutôt généralistes ? Révèlent-elles une certaine polyvalence ? Si c'est le cas, vous êtes plutôt un profil « généraliste ».

Exemple :

Je connais les étapes de la planification de projet.

La bonne nouvelle, c'est qu'il n'existe pas de bon ou mauvais profil professionnel mais plutôt des avantages et des inconvénients pour chacun :

PROFIL EXPERT

Le + :

Une forte spécialisation et une expertise reconnue offrent de nombreuses opportunités professionnelles : les profils experts rassurent et sont très recherchés sur le marché du travail. C'est un atout sur lequel miser dans une stratégie de personal branding.

Le - :

Le risque est de rester enfermé·e dans la case de sa spécialisation. Une limite qui peut frustrer sur le long terme selon ses aspirations professionnelles.

PROFIL GÉNÉRALISTE

Le + :

Les profils « couteaux suisses » quant à eux peuvent prétendre à un plus grand nombre de postes, et séduisent également les recruteur·e·s pour leur grande souplesse.

Le - :

C'est parfois plus difficile de se différencier de ses nombreux concurrents au profil équivalent. Un point que l'on peut néanmoins travailler dans son personal branding pour se démarquer !

Que l'on décide ou non de l'évoquer dans sa marque personnelle, connaître cette caractéristique de notre profil nous éclaire un peu plus sur le professionnel·le que nous sommes.

Sur votre moodboard sur papier libre ou page 84, ajoutez :

• le top 5 de vos connaissances clefs, les plus importantes à vos yeux
• votre type de profil

2. Vos savoir-faire

Après la théorie, on s'intéresse à la pratique, et à tous les savoir-faire que vous avez développés lors de vos différentes expériences professionnelles et de loisirs.
Pour les décrire, on emploie des verbes d'action selon la formule suivante :

JE SAIS **+ VERBE D'ACTION** + CONTEXTE

<u>Exemples :</u>

- Je sais **manager** une équipe de six personnes.
- Je sais **organiser** un mariage donc un événement pour 100 personnes.
- Je sais **réaliser** de belles soudures.

En manque d'inspiration ? Cette liste de verbes d'action (non exhaustive) va vous aider.

VERBES D'ACTION

DÉCIDER

ARRÊTER
CHOISIR
CONCLURE
DÉTERMINER
ÉLIMINER
FIXER
JUGER
OPTER
RÉGLER
RÉSOUDRE
TRANCHER

ORGANISER

AMÉNAGER
ANTICIPER
ARRANGER
COORDONNER
DISTRIBUER
ÉTABLIR
PLANIFIER
PRÉPARER
PRÉVOIR
PROGRAMMER
RÉPARTIR
STRUCTURER

CONTRÔLER

APPRÉCIER
ENQUÊTER
ÉPROUVER
ÉVALUER
EXAMINER
EXPÉRIMENTER
MESURER
PROUVER
SUPERVISER
SURVEILLER
TESTER
VALIDER
VÉRIFIER

GÉRER

ACQUÉRIR
AMORTIR
BUDGÉTER
ASSAINIR
COMPTABILISER
CONSOLIDER
ECONOMISER
ENRICHIR
ÉQUILIBRER
EXPLOITER
GAGNER
INVESTIR
OPTIMISER
RENTABILISER

COMMUNIQUER

DIALOGUER
DISCUTER
ÉCHANGER
EXPRIMER
INFORMER
INTERVIEWER
NÉGOCIER
PARTAGER
RÉDIGER
RENSEIGNER
TRANSMETTRE

NÉGOCIER

ACHETER
ARBITRER
ARGUMENTER
CONCLURE
CONSULTER
CONVAINCRE
DÉMONTRER
DISCUTER
INFLUENCER
PERSUADER
PLACER
PROPOSER
SÉLECTIONNER

CRÉER

ADAPTER
AMÉLIORER
CONCEVOIR
CONSTRUIRE
DÉCOUVRIR
ÉLABORER
IMAGINER
INNOVER
INVENTER
RENOUVELER
TRANSFORMER
TROUVER

DIRIGER

ANIMER
COMMANDER
CONDUIRE
CONFIER
DÉFINIR
DÉLÉGUER
GOUVERNER
GUIDER
IMPULSER
INSPIRER
INSTITUER
MANAGER
PILOTER
PRÉSIDER

DÉVELOPPER

ACCROÎTRE
AMÉLIORER
AUGMENTER
COMMERCIALISER
CONQUÉRIR
DÉCLENCHER
ÉLARGIR
ÉTENDRE
IMPLANTER
LANCER
PROGRESSER
PROMOUVOIR

ADMINISTRER

CLASSER
COMPTER
ENREGISTRER
ÉTABLIR
GÉRER
INVENTORIER
RANGER
RECENSER
RÉGIR
RÉPERTORIER

CHERCHER

ANALYSER
CALCULER
CONSULTER
ENQUÊTER
ÉTUDIER
EXAMINER
EXPÉRIMENTER
OBSERVER
PROSPECTER
RECHERCHER
SONDER

CONSEILLER

AIDER
CLARIFIER
COMPRENDRE
DIAGNOSTIQUER
ÉCLAIRER
ÉCOUTER
GUIDER
INCITER
ORIENTER
PRÉCONISER
PROPOSER
RECOMMANDER

PRODUIRE

APPLIQUER
EFFECTUER
EXÉCUTER
FAIRE
RÉALISER
(+ autres activités à caractère répétitif à la base d'une technicité)

FORMER

ANIMER
APPRENDRE
CONDUIRE
DÉVELOPPER
ÉDUQUER
ENTRAÎNER
ÉVEILLER
INSTRUIRE
SENSIBILISER
TRANSFORMER

Pour ne rien oublier, appuyez-vous sur l'exercice de la trajectoire professionnelle : demandez-vous, quelles sont les compétences opérationnelles que vous avez mises en œuvre à chacune des étapes de votre parcours.

• Analysez vos réponses

Est-ce que ces savoir-faire expriment une dominante sur votre positionnement professionnel ? Par exemple, une dominante « technique » ou de « communication ».

Liste des dominantes :

01.

DOMINANTE LIÉE À LA TECHNICITÉ :

vos savoir-faire s'appuient sur des connaissances technologiques, scientifiques, liées à des techniques spécifiques ou à la maîtrise d'un geste.

02.

DOMINANTE ADMINISTRATIVE OU DE GESTION :

vos savoir-faire permettent non seulement de gérer, arbitrer, comptabiliser, exploiter, optimiser, rentabiliser, mais aussi de classer, organiser, ranger, planifier, préparer, prévoir, structurer.

03.

DOMINANTE COMMERCIALE OU DE NÉGOCIATION :

ils répondent aux verbes acheter, convaincre, négocier, argumenter, promouvoir, proposer, commercialiser, conclure.

04.

DOMINANTE DE GESTION D'ÉQUIPE :

se rapporte aux verbes motiver, impulser, piloter, superviser, définir, conduire, déléguer, contrôler, valoriser, former, développer.

05.

DOMINANTE DE COMMUNICATION :

vos savoir-faire s'illustrent par des actions telles que comprendre, accompagner, aider, assister, consulter, associer, faciliter, conseiller.

06.

DOMINANTE STRATÉGIQUE, D'ÉTUDES OU DE RECHERCHE :

ils sont structurés autour de la réflexion pour analyser les situations, construire un processus de pensée complexe, élaborer un concept, une idée, une décision, un protocole.

- Est-ce que cela confirme votre profil d'expert ou de généraliste pointé lors de l'identification de vos connaissances ?

- Quels sont les 5 savoir-faire qui sont les plus marquants pour vous (ils vous rendent particulièrement fiers, vous apportent du plaisir, sortent du lot...) ?

• Résumez

À la lumière de cette analyse, rédigez en quelques lignes un descriptif qui reprend vos principaux savoir-faire, ceux que vous souhaitez continuer à utiliser et faire grandir et qui illustrent vos points forts ainsi que la couleur de votre positionnement professionnel.

Ajoutez votre dominante professionnelle et vos 5 principaux savoir-faire sur votre moodboard sur papier libre ou page 84.

3. Vos savoir-être

Repensez à trois situations professionnelles déjà vécues qui ont été particulièrement positives et marquantes pour vous. Si on a peu d'expérience, on peut s'inspirer d'expériences décisives vécues pendant nos études ou nos loisirs.

Demandez-vous :
Quels savoirs-être ai-je mobilisés lors de ces situations ?

Cela peut être une grande créativité pour faire mouche à un entretien d'embauche, un sens de l'initiative pour décrocher un nouveau contrat ou une bonne gestion du stress à l'occasion d'une présentation importante devant un jury ou un auditoire à convaincre.

Nous possédons tous un éventail de soft skills assez large, l'idée est d'identifier vos majeures, celles que vous maîtrisez particulièrement, celles qui sont vos atouts.

- Recueillez l'avis de votre entourage

Sollicitez trois ou quatre personnes issues de votre entourage intime et professionnel. Vous pouvez leur demander quelles soft skills elles vous attribuent spontanément ou leur soumettre directement celles que vous vous êtes octroyées. Multiplier les points de vue permettra de confirmer ou de compléter vos premières affirmations.

Listez vos 5 plus grandes soft skills.

Ajustez la top liste de vos softs skills si besoin et ajoutez-la à votre moodboard sur papier libre ou page 84.

Liste des 46 soft skills les plus stratégiques au travail, selon l'organisme de formation Bloomr Impulse :

ADAPTABILITÉ : flexible, ouvert au changement

AISANCE RELATIONNELLE : bon contact et communication, inspire confiance

ANIMATION : mener des discussions ou des débats au sein d'un groupe

APPRENDRE À APPRENDRE : proactif·ve dans son apprentissage

ASSERTIVITÉ : s'affirmer, savoir dire non, défendre ses intérêts respectueusement

AUDACE : sortir des sentiers battus, innover

AUTONOMIE : prise d'initiative, prendre des décisions seul·e

AUTO-MOTIVATION : rester engagé·e, capable de gérer son énergie

CAPACITÉ À DÉLÉGUER : sens des responsabilités, attribuer les bonnes tâches aux bonnes personnes

CAPACITÉ À MOTIVER : susciter et maintenir l'engagement en donnant du sens, en actionnant les bons leviers, reconnaissance

COMMUNICATION : savoir écouter et transmettre les messages

CONCENTRATION : maintenir son attention sans se laisser distraire

CONFIANCE EN SOI : croire en ses capacités et mobiliser les ressources nécessaires pour rebondir

CONSCIENCE DE SOI : connaître et accepter ses forces et ses faiblesses, être à l'écoute de ses émotions

COOPÉRATION : travailler efficacement avec tous types de profils en s'adaptant aux différentes personnalités

CRÉATIVITÉ : capacité à penser « hors du cadre », générer des idées nouvelles avec audace

DÉVELOPPEMENT PERSONNEL : se remettre en question, avoir envie de progresser, chercher à s'améliorer

ÉCOUTE : prêter une oreille attentive aux autres, poser des questions

EMPATHIE : se mettre à la place de l'autre pour mieux le comprendre

ÉQUANIMITÉ : être d'humeur égale, capable de garder son flegme en toute circonstance

ESPRIT CRITIQUE : prendre du recul sur les choses, analyser une situation avec discernement

ESPRIT D'ENTREPRENDRE : se montrer proactif, oser s'engager et mener de nouveaux projets

ESPRIT D'ÉQUIPE : coopérer pour avancer vers un objectif commun, tisser des liens et un réseau

ESPRIT D'INITIATIVE : proactif dans la résolution de problèmes, force de proposition

ÉTHIQUE PROFESSIONNELLE : intégrité, fiabilité, assumer ses responsabilités, respecter les règles, donner le meilleur de soi

EXCELLENCE DU SERVICE : comprendre les préoccupations des clients, anticiper les besoins

GESTION DU STRESS : faire face à la pression de manière saine, réguler et canaliser son stress

HUMILITÉ : gérer son ego, admettre ses erreurs, demander de l'aide, se montrer accessible

INTELLIGENCE ÉMOTIONNELLE : reconnaître, accueillir, écouter et décoder les émotions chez soi et chez les autres

LEADERSHIP : motiver, inspirer, et entraîner un groupe vers une vision commune, prendre des décisions dans l'intérêt collectif, créer une cohésion, prendre des décisions

NÉGOCIATION : comprendre les besoins, freins et motivations de son interlocuteur, argumentation et persuasion

NETWORKING : repérer les personnes clés avec qui construire des liens stratégiques, avoir le contact facile

OPTIMISME : faire preuve d'enthousiasme, attitude volontaire, se focaliser sur les opportunités, faire preuve de résilience face aux revers

PERSÉVÉRANCE : aller au bout de ses projets et de ses objectifs, surmonter les obstacles

PERSUASION : défendre ses idées et ses opinions, convaincre, influencer, susciter l'adhésion

PRÉSENTATION : partager des résultats, des idées de façon claire, engageante, et concise

PRISE DE DÉCISION : arbitrer, faire le meilleur choix possible en fonction des informations

RÉSILIENCE : rebondir avec agilité et optimisme après une épreuve

RÉSOLUTION DE PROBLÈME : identifier un problème, mesurer sa complexité et le résoudre

RÉSOLUTION DE CONFLIT : se poser en médiateur pour faciliter le dialogue, permettre un échange constructif

RHÉTORIQUE : s'exprimer avec aisance et éloquence, marquer les esprits, convaincre, débattre

RIGUEUR : se montrer méticuleux, appliqué, analyser les informations avec précision et objectivité

SENS DES RESPONSABILITÉS : respecter ses engagements, reconnaître ses erreurs et en tirer des enseignements

Des compétences innées : les talents

Aptitude particulière, habileté naturelle pour réussir une activité précise : un talent est un don inné qui, contrairement aux compétences, ne s'acquiert pas. Il est impossible d'apprendre à être « visionnaire » ou « créatif·ve » par exemple, on l'est par essence. De même, cette qualité n'est pas conditionnée par des fonctions professionnelles, un talent n'est pas mesurable et ne s'use pas avec le temps ! Comme un pied de nez au savoir-faire et au savoir-être, le talent est alors un « aimer-faire » ou un « aimer-être », une capacité que l'on mobilise facilement et qui nous fait plaisir. Il a longtemps été désigné comme l'apanage de quelques heureux élus, mais le courant de pensée actuel considère au contraire que nous possédons tou·te·s un ou plusieurs talents ; le problème serait plutôt que nous n'en sommes pas toujours conscients.

Identifier nos talents, de véritables trésors personnels, va nous permettre de les cultiver et de les valoriser dans un monde du travail où ils sont particulièrement prisés.

EXERCICE

Reconnaître ses talents

- **Interrogez-vous :**

Y a-t-il un thème, un sujet ou un domaine sur lequel vous êtes particulièrement à l'aise et sur lequel vous apprenez facilement et avec plaisir ?

Que faites-vous sans effort et que les autres applaudissent ?

Si les réponses ne viennent pas, tournez-vous vers vos proches et vos collègues, bien souvent ils vous auront déjà complimenté à propos de vos talents qui leur ont sauté aux yeux.

- **Analysez vos réponses :**

Derrière ces facilités, quel(s) talent(s) se dessinent ? Notez-le(s).

Ajoutez votre liste de talents à votre moodboard sur papier libre ou page 84.

Des compétences endormies : le potentiel

« Qui existe en puissance, virtuel », selon la définition du Petit Robert, le potentiel est un talent que l'on détient mais qui ne s'est pas encore exprimé. Pour la coach, auteure spécialiste des multipotentiels et experte du Lab Sonia Valente, « le potentiel est une prédisposition à réussir et à exceller dans une activité. On reconnaît le potentiel chez quelqu'un lorsqu'il manifeste certaines facilités ou aptitudes extraordinaires dans son domaine de prédilection ». Non palpable, difficile à déceler, il n'existe pas de formule magique permettant de le détecter... Bien souvent, ce sont les personnes qui gravitent autour de nous qui remarquent le potentiel qui sommeille en nous.

Vous pensez détenir des aptitudes particulières mais pas encore exploitées ? Par exemple, vous êtes un·e collègue fédérateur·trice, à l'écoute, qui sait faire confiance et déléguer des tâches aux autres en fonction de leurs profils : vous avez sûrement un fort potentiel en management participatif !

Si vous l'avez identifié, vous pouvez l'ajouter à votre moodboard sur papier libre ou page 84.

le +

La folie des mad skills

Concept né au sein de la Silicon Valley, les mad skills (« compétences folles ») sont les compétences rares et atypiques d'un individu, comme avoir un esprit décalé ou une grande originalité. Généralement acquises via la pratique d'une activité sportive, créative, associative ou d'une expérience hors du commun (maladie, épreuve, expatriation...), ces mad skills sont aussi des aspects de la personnalité révélés hors des sentiers battus de l'entreprise ou de l'académisme. On les attribue particulièrement aux personnes ayant occupé plusieurs métiers durant leur carrière, tels que les multipotentiels (personnes aux centres d'intérêt multiples avec souvent plusieurs orientations professionnelles), les slasheurs (travailleurs qui cumulent plusieurs activités ou métiers) ou encore les sportif·ve·s de haut niveau devenu entrepreneur·euse·s voire les artistes qui occupent des postes stratégiques en entreprise. Par exemple : un manager ancien chef·fe d'orchestre qui sait particulièrement bien gérer l'intelligence collective d'un groupe ou un salarié·e passionné·e d'escalade qui détecte automatiquement les situations à risque. Gage d'innovation aux yeux des entreprises, ces mad skills sont des ressources humaines rares et précieuses car elles permettent bien de penser « out of the box », comme on dit dans le milieu.

Avez-vous un profil multipotentiel ?

LES 5 SIGNES QUI NE TROMPENT PAS

Par **Sonia Valente**, coach, auteure de *Comment trouver sa place quand on ne rentre dans aucune case: Le guide des multipotentiels dans le monde du travail* et experte du Lab, la communauté d'expert·e·s de Welcome to the Jungle.

Vous rêvez de faire plusieurs métiers dans votre vie ? Vous vous ennuyez rapidement une fois en poste ? Vous avez du mal à choisir une voie parce que vous vous intéressez à des sujets divers et variés ? Alors, peut-être avez-vous un profil multipotentiel ! Opposés aux profils spécialistes qui s'épanouissent dans un parcours linéaire, les multipotentiels sont tou·te·s « les autres ». Ceux·lles qui n'entrent dans aucune case ou plutôt qui pourraient entrer dans toutes. Un peu commerciaux, un peu RH, un peu community managers, et un peu profs de yoga à leurs heures perdues : ils sont multiples. Ça vous parle ? Passez le test !

1. « Ma curiosité est sans fin : j'aime toucher à tout ! »

Plus jeune, vous passiez d'un loisir à un autre ? Le tennis, la natation, la guitare, puis le dessin... Jusqu'à ce que votre intérêt s'essouffle et que votre attention se porte sur autre chose ? C'est un classique des multipotentiels. Si vous en êtes un·e, vous n'avez sûrement ni sujet de prédilection ni vocation. D'ailleurs au travail, vous préférez les jobs polyvalents et/ou généralistes. De même, avoir un emploi routinier, où les journées de travail passent et se ressemblent, pour les multipotentiels, c'est « merci, mais non merci ! », pour vous aussi ?

2. « Je m'ennuie... encore ! »

Quand vous commencez un nouvel emploi, tout vous semble idyllique : nouveaux objectifs, nouveaux projets, nouvelles rencontres... jusqu'à ce que l'ennui, votre compagnon de route « pot de colle », vienne frapper à votre porte ? Généralement, il se manifeste tous les 2 à 3 ans. Il commence par des pensées récurrentes comme « à quoi sert encore cette réunion ? », « de toute façon, je n'apprends plus rien »... Puis, elles donnent lieu à une lassitude chronique. Vous avez déjà vécu cette situation ? C'est le cas de beaucoup de multipotentiels avant de se rendre compte que le changement est dans leur nature.

3. « Je veux plusieurs vies dans une vie ! »

À la question « si vous aviez cinq autres vies, qu'aimeriez-vous faire comme métier ? », vous répondriez que vous voulez faire cinq métiers oui, mais dans une seule vie ? D'ailleurs, le saint Graal du CDI ne vous fait pas rêver... Vous le percevez plutôt comme une prison dorée ? Les multipotentiels aussi.

4. « Des idées, en veux-tu en voilà ! »

Si l'on vous envie une chose, c'est bien d'avoir beaucoup d'idées ? C'est grâce à votre curiosité et votre esprit d'explorateur qui vous conduisent à pousser toujours plus loin la réflexion pour comprendre votre environnement. Un profil multipotentiel est doté d'une grande capacité à faire des connexions entre deux idées, deux sujets, pour créer des solutions innovantes. Allez, quel lien pouvez-vous faire entre un match de rugby et la politique ?

5. Le changement : « Je dis oui ! »

Votre entreprise souhaite changer de direction stratégique ou votre fonction évolue, mais ça ne vous fait pas peur ? C'est qu'en changeant régulièrement d'entreprise, de secteur ou de métier, vous avez déjà développé une flexibilité à toute épreuve. Là où certains émettent des résistances lorsque l'on perturbe leurs habitudes, vous, vous êtes un caméléon du monde du travail qui s'adapte à tout changement. Voilà encore une des caractéristiques phares des multipotentiels ! Alors, vous êtes-vous reconnu·e ? Dites vous, que même si vous passez parfois pour un·e éternel·le insatisfait·e et/ou paumé·e aux yeux de vos proches voire un profil instable auprès de certain·e·s recruteur·trice·s encore attaché·e·s aux profils spécialisés, la tendance est en train de changer. Pour faire face à des enjeux externes et internes toujours plus complexes, les entreprises ont besoin de collaborateur·trice·s innovant·e·s, agiles et toujours prêt·es à acquérir de nouvelles compétences : en somme, tout ce qui vous caractérise en tant que multipotentiel·e !

L'ENVIRONNEMENT DE TRAVAIL QUI NOUS CORRESPOND

Facteur de productivité mais surtout source de bien-être, notre environnement de travail joue un rôle clé dans notre épanouissement professionnel. Et si les entreprises sont contraintes à certaines obligations légales basiques envers leurs salarié·e·s (hygiène et sécurité à respecter, moyens matériels et humains pour effectuer les tâches, etc.), il est intéressant d'aller au-delà en se questionnant sur les conditions de travail les plus adaptées au·à·la professionnel·le que l'on est. Car il ne faut pas sous-estimer le pouvoir de son environnement de travail : il peut aussi bien nous stimuler et nous pousser à l'excellence qu'entraver notre performance.

Statut (indépendant, salarié, intérim...), mode de collaboration (autonomie, travail de groupe...), type de management (directif, participatif...), lieu de travail (bureau fixe, télétravail...) : autant de caractéristiques qui influencent considérablement notre façon de travailler et sont des informations importantes à communiquer à propos du·de la professionnel·le que nous sommes. Sans compter que certains recruteurs n'hésitent pas à aborder le sujet en entretien d'embauche : « Décrivez votre environnement de travail idéal. » Pour proposer une réponse pertinente et fidèle à ce que vous êtes, plongez-vous dans l'exercice suivant.

EXERCICE

Imaginer son cadre de travail idéal

• Explorez les différentes facettes de l'environnement de travail fait pour vous :

1. Le lieu

- Quel cadre de travail est bon pour moi : dehors, dedans, bureau fixe, flex office, télétravail, plutôt un environnement calme ou en mouvement ?

Donnez les raisons de votre choix.

2. Les conditions

- Est-ce que j'ai besoin d'avoir des horaires fixes ou flexibles ?

- Quel rythme de travail est bon pour moi ?

- Quel niveau de pression est souhaitable ?

Expliquez vos réponses.

3. Les relations humaines

- Est-ce que je préfère travailler en solo ou en mode collaboratif ?

- Quel type de management me convient le mieux (directif versus participatif)?

Appuyez-vous sur vos expériences passées pour illustrer vos propos avec des exemples concrets.

• Résumez en quelques points votre environnement de travail rêvé:

<u>Exemples:</u>

- 80% en télétravail pour le calme et le travail en profondeur, 20% au bureau pour les réunions et les interactions sociales
- Un équilibre familial préservé: une charge de travail adapté, des journées qui se terminent à 18h30, des mercredis après-midi libres
- Travailler en équipe réduite, des processus agiles et bénéficier d'une grande autonomie
- Besoin de challenges! Équipe dynamique, projets ambitieux, environnement stimulant
- Un·e manager audacieu·x·ce, qui me donne confiance et me pousse à me dépasser

Vous pouvez ajouter le descriptif de votre cadre de travail idéal à votre moodboard sur papier libre ou page 84.

3. QUELS SONT MES BUTS, MES AMBITIONS ?

(EN)QUÊTE DE SENS

Trader devenu berger ou directrice marketing désormais ébéniste, les belles histoires de reconversions professionnelles fleurissent sur la toile ces dernières années, souvent guidées par l'envie viscérale de retrouver du «sens» dans son travail. Et de lutter contre les «bullshits jobs» (jobs à la con) définis par l'anthropologue David Graeber comme «une forme d'emploi rémunéré qui est si inutile, superflue ou néfaste que même le salarié ne parvient pas à justifier son existence, bien qu'il se sente obligé, pour honorer les termes de son contrat, de faire croire qu'il n'en est rien». Dans le monde moderne, cela fait référence à certains métiers de bureau (coucou les tableaux Excel à la chaîne) en opposition aux métiers concrets ou utiles, ancrés dans la réalité (professeur, boulanger, livreur, etc.)

Mais la question du sens au travail s'exprime de bien d'autres manières, ne serait-ce que parce que chaque individu en a sa propre interprétation issue de deux approches distinctes: le sens qui se prouve par l'utilité de son travail, signifié par un impact positif sur les enjeux sociaux et/ou environnementaux; et le sens en tant que chemin pris, c'est-à-dire notre évolution professionnelle (monter dans la hiérarchie, relever des défis…), qui aide à trouver notre place dans la société.

Deux points de vue qui se valent, le plus important étant d'avoir sa propre définition, celle qui nous correspond. Et c'est justement l'objet du point qui suit: trouver votre Ikigaï pour avancer dans la bonne direction (la vôtre) et le retranscrire dans votre marque personnelle.

«Il n'y a pas de métiers qui ont plus de sens que d'autres. Contrairement à ce que l'on pense parfois, la recherche de sens au travail est principalement un cheminement personnel et cela ne veut pas forcément dire "changer le monde"!»

FLORA BERNARD, PHILOSOPHE EN ENTREPRISE
ET CO-FONDATRICE DE L'AGENCE DE PHILOSOPHIE THAÉ

Ikigaï vient de *ikiru*, qui signifie « vivre » en japonais, et de *kai*, qui représente la réalisation de ce que l'on espère. S'il n'existe pas de traduction littérale en français, on peut définir l'Ikigaï comme une philosophie de vie, l'équivalent de notre raison d'être ou de notre joie de vivre. Cet état d'esprit datant du XIVe siècle expliquerait notamment la longévité exceptionnelle des habitants de l'île d'Okinawa, aussi surnommée « l'île des centenaires » : pour ces Japonais, trouver une bonne raison de se lever le matin est la clé de l'équilibre, associée à une cuisine saine et une activité physique quotidienne. L'Ikigaï porte notre idéal personnel et agit comme un moteur.

Le connaître nous aide à nous épanouir et à nous réaliser dans tous les pans de notre vie, y compris au travail. C'est d'ailleurs un outil plébiscité par les coachs professionnel·le·s comme Isabelle Biarnes-Poulliat, qui en a fait la clef de la réussite de ses accompagnements. « C'est un outil complet qui permet d'identifier ce que l'on aime faire et ce à quoi on a envie de contribuer pour in fine donner du sens au travail que l'on exerce ou que l'on voudrait exercer en cas de reconversion. » Souvent utilisé pour les personnes en phase de remise en question professionnelle (pour déterminer une nouvelle vocation ou profession par exemple), définir notre Ikigaï est utile à tous·tes notamment pour poser les bases solides de notre avenir professionnel, celui-là même que l'on va promouvoir dans notre marque personnelle.

EXERCICE

Trouver son Ikigaï, sa raison d'être

D'après Isabelle Biarnes-Poulliat, coach Ikigaï certifiée

• Sur une feuille libre, tracez de grands cercles pour reproduire le schéma ci-contre.

• Notez vos réponses pour définir les quatre dimensions de l'Ikigaï.

Si vous avez réalisé les exercices précédents, vous avez déjà le contenu des deux cercles « Ce que vous aimez » et « Ce en quoi vous êtes bon » (à savoir : vos compétences et vos talents), il ne vous reste qu'à identifier « Ce dont le monde a besoin » et « Ce pour quoi vous pouvez être payé·e ».

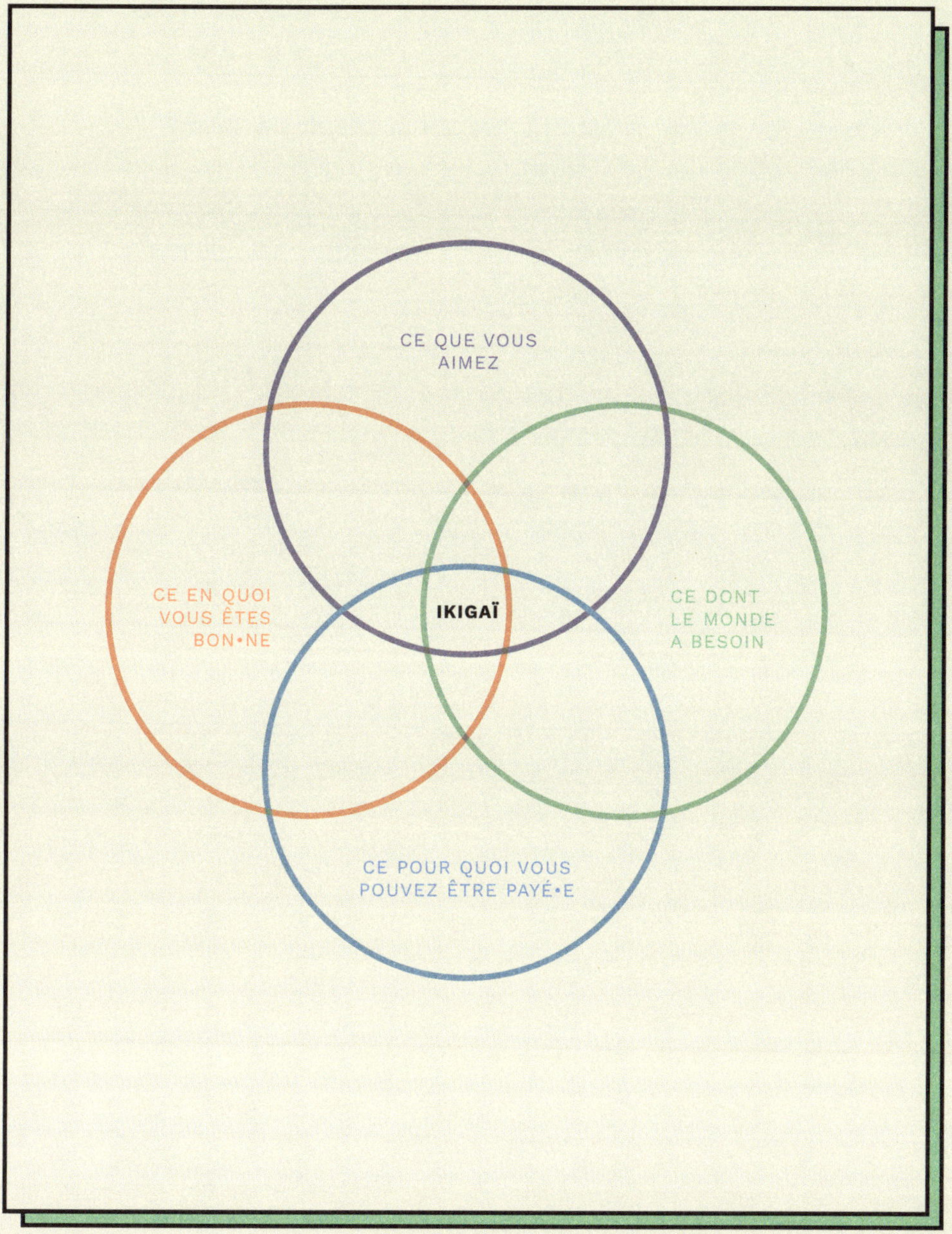
CE QUE VOUS
AIMEZ
CE EN QUOI
VOUS ÊTES
BON•NE
IKIGAÏ
CE DONT
LE MONDE
A BESOIN
CE POUR QUOI VOUS
POUVEZ ÊTRE PAYÉ•E

CE QUE VOUS AIMEZ

Que faites-vous sans voir le temps passer ? Que faites-vous pendant votre temps libre ? Qu'est ce qui vous met en joie ? Quels livres ou magazines achetez-vous ? Quelles émissions, reportages, podcasts regardez/écoutez vous ?

CE EN QUOI VOUS ÊTES BON•NE

Vos savoir-faire permettent de gérer, arbitrer, comptabiliser, exploiter, optimiser, rentabiliser, mais aussi de classer, organiser, ranger, planifier, préparer, prévoir, structurer.

CE DONT LE MONDE A BESOIN

Cela répond aux verbes acheter, convaincre, négocier, argumenter, promouvoir, proposer, commercialiser, conclure.

CE POUR QUOI VOUS POUVEZ ÊTRE PAYÉ•E

Se rapporte aux verbes motiver, impulser, piloter, superviser, définir, conduire, déléguer, contrôler, valoriser, former, développer.

• Analysez le schéma

Votre Ikigaï est une raison de travailler et de vivre, qui fait le lien entre passion, mission, profession et vocation. Et il se trouve à l'intersection des différents cercles !

À partir des éléments listés, pour chacun des cercles, demandez-vous :

- Qu'est-ce qui est vraiment essentiel pour moi, dont je ne pourrais pas me passer ?
Par exemple, on peut « aimer lire » quand on a du temps libre sans que ce soit vital, quand « échanger tout le temps avec les autres » sera crucial.

- Faites ensuite des liens entre ces éléments essentiels. Y a-t-il des ponts ? Des résonances ?
Puis réfléchissez au sens commun entre ces éléments : c'est le cœur de votre Ikigaï, la contribution au monde que vous souhaitez apporter.
Par exemple : grâce à mon talent de maquilleur·euse, je rend les gens plus beaux, les aide à s'accepter et s'aimer, je contribue au bien-être et à l'esthétisme dans le monde.

Ajoutez la conclusion de votre Ikigaï à votre moodboard sur papier libre ou page 84.

SA DIRECTION PROFESSIONNELLE

Où vous voyez-vous dans cinq, dix ou quinze ans? Difficile à dire, surtout avec les nouveaux schémas de carrière dont la caractéristique principale est de ne pas en avoir, justement! Et puis quand bien même on aurait établi une stratégie précise sur le long terme (assistant·e aujourd'hui, manager dans trois ans, CEO dans dix), on le sait, au travail comme dans la vie, rien ne se passe tout à fait comme prévu. Même si on ne peut/veut pas programmer son avenir professionnel comme on établirait un business plan, pour pouvoir avancer, même d'un tout petit pas chaque jour, on a quand même besoin d'une grande direction vers laquelle se diriger. Une idée – aussi vague soit-elle – de ce à quoi on aspire pour notre futur, vers quoi l'on veut aller. Et c'est un point déterminant de notre marque personnelle: d'où on vient, qui on est aujourd'hui... ok, mais demain? Petite projection dans le futur...

EXERCICE

Se projeter dans l'avenir de ses rêves

D'après la coach Isabelle Biarnes-Pouilliat, pour qui accomplissement professionnel et épanouissement personnel vont de paire.

1. Retraite anticipée

Imaginez que vous partez à la retraite, et qu'une grande fête est organisée pour vous : qu'aimeriez-vous entendre de la part de votre manager, de vos collègues, de vos amis et de votre famille ?

À cette occasion, on vous demande de rédiger un discours avec les trois éléments clés de votre carrière dont vous êtes fier·e, quels seraient-ils ?

Notez les idées principales.

2. Perspectives de demain

Que révèle cette projection à propos de la direction à donner à votre carrière ? Rédigez-en les trois grandes perspectives.

Exemple :

- Oser changer d'orientation pour réaliser de nouveaux rêves professionnels.

☑ **Reportez la description de votre avenir désirable dans votre moodboard sur papier libre ou page 84.**

Moodboard de ma personnalité

QUI SUIS-JE ?	MES VALEURS :	MON PORTRAIT :	MES MOTIVATIONS :
QUEL PROFESSIONNEL•LE SUIS-JE ?	MES SAVOIRS :	MES SAVOIR-FAIRE :	MES SAVOIR-ÊTRE :
	MON PROFIL :	MA DOMINANTE :	
	MES TALENTS :	MES POTENTIELS :	MON CADRE DE TRAVAIL IDÉAL :
ET DEMAIN ?	MON IKIGAÏ :	MON AVENIR DÉSIRABLE :	

ON FAIT LE BILAN, CALMEMENT

Après cet important travail d'introspection, vous sortez grandi·e, riche d'une nouvelle connaissance de vous. Prenez le temps de regarder le résultat de votre grande enquête, votre moodboard : tous les résultats de vos investigations et de vos réflexions y sont réunis. Surtout, sous vos yeux, vous apercevez le reflet de votre singularité : une combinaison de traits de caractère, d'atouts, de défauts, de valeurs, de parcours de vie... bref de tout ce qui fait de vous cette personne absolument unique !

Conservez précieusement ce document, il sera votre « guide de chevet » pour les prochaines étapes. Une source d'inspiration pour raconter votre histoire mais également un garde-fou auquel se référer en cas de doute, pour bien vous assurer que vous êtes fidèle à votre personnalité. Dans le chapitre qui suit, on va découvrir toutes les techniques concrètes pour mettre la (plus belle) lumière sur votre histoire.

III. L'ART

DE SE

RACONTER

Quand on devient travailleur freelance ou entrepreneur·euse, qu'on se lance « à son compte » comme on dit, de nouvelles tâches nous incombent, aussi nombreuses qu'indispensables : créer un business plan (au moins dans sa tête), établir une grille de tarifs pour ses prestations, trouver et fidéliser des clients, gérer ses factures… On endosse tour à tour une multitude de casquettes métiers telles que comptable, commercial·le ou encore communiquant·e, bien souvent en plus de son cœur de métier. La rançon de l'indépendance, en somme. Et parmi toutes ces casquettes, il y en a une qui se présente sans crier gare : biographe. On ne l'avait pas vue venir, celle-là. On y pense rarement jusqu'au jour où l'on élabore le contenu de son futur site Internet/blog/portfolio et que se présente le moment fatidique de créer la page « À propos ». Si, vous savez, cet équivalent du « Qui sommes nous » des entreprises. Généralement, on a réfléchi à la description de son offre, on a peaufiné ses visuels, on a éventuellement collecté des témoignages client·e·s… mais alors rédiger son autobiographie, ça non ! Et pourtant, le sujet est crucial car, on le sait, c'est l'un voire LE texte qui sera le plus lu par vos futurs client·e·s et/ou partenaires. L'endroit idéal pour raconter votre histoire. On insiste sur ces mots « raconter »,« votre », « histoire ». Car quand résumer un parcours en *bullet point* est inhumain, donner vie à son récit personnel bouleverse !

Et c'est tout un art, nommé storytelling. Une technique qui permet – sans que l'on soit écrivain·e, journaliste ou rédacteur·trice, mais tout en s'inspirant de leurs bonnes pratiques – de transformer des « faits » en récit captivant. Et cela va bien au-delà du cas isolé d'un texte de présentation sur un site ou un profil Internet. Vous êtes le·l'héros·roïne de ce récit, et il vous faudra, au même titre que vos personnages de fiction et/ou réels préférés, le faire vivre et l'incarner pleinement. Pas dans une optique de travestir le réel en enjolivant la réalité, mais au contraire en misant sur une authentique expression de soi.

Une expression de soi qui passe par l'écrit, l'oral, mais également par la communication visuelle et non verbale. Et oui, qu'on le veuille ou non, notre apparence nous représente, envoie des messages… bref, nous « raconte » elle aussi. Et ce n'est ni anodin ni superficiel.

Dans cette optique, le chapitre qui suit est une invitation à trouver sa voix, son ton, sa plume, ses mots… tout ce qui contribuera à vous faire passer du statut impersonnel « d'un·e auto-entrepreneur·euse » ou dans d'autres cas de candidat·e/collègue/client·e/patron·ne/prospect/stagiaire/étudiant·e à celui d'une personne à part entière aux yeux de ceux·celles qui vous lisent, vous écoutent ou vous regardent.

Tout pour mieux révéler et transmettre votre histoire, celle avec un petit h certes, mais celle-là même, dont tous les professionnel·le·s qui auront la chance de croiser votre chemin, se souviendront. Voire qu'ils raconteront à leur tour. Ne soyez pas étonné·e, c'est toujours ce qui se passe quand on nous raconte une bonne histoire.

1. IL ÉTAIT UNE FOIS… …MOI

LE POUVOIR DES HISTOIRES

Depuis la nuit des temps, c'est par le récit d'histoires, que les hommes et les femmes transmettent leurs traditions, leurs valeurs, leurs savoirs, bref, leur culture... et ce dans toutes les civilisations. Comme le décrit le critique et sémiologue français Roland Barthes dans *Introduction à l'analyse structurale des récits* (1966) : « sous ses formes presque infinies, le récit est présent dans tous les temps, dans tous les lieux, dans toutes les sociétés ; le récit commence avec l'Histoire même de l'humanité ; il n'y a pas, il n'y a jamais eu nulle part aucun peuple sans récit ; toutes les classes, tous les groupes humains ont leurs récits [...] »

Aucun progrès, aucune avancée technologique ne peut changer ça : petite, grande, drôle ou tragique, nous passons notre temps à écouter et raconter des histoires. Créatrices de lien social, les histoires nous captivent grâce aux émotions qu'elles nous font (re)vivre. En 2013, le professeur en économie et neurologie américain Paul J. Zack, a même démontré leurs effets chimiques sur le cerveau humain. D'après ses recherches, une « bonne » histoire déclenche la production de deux hormones :

- **le cortisol**, qui permet au cerveau de rester en alerte. Ainsi, quand le récit nous tient en haleine, qu'il soit fictif comme dans un roman ou un film, ou bien réel telles les aventures d'un ami·e, nous restons particulièrement attentif·ve·s. Les speakers des conférences TedX l'ont bien compris, et c'est ainsi que chacune de leurs interventions démarre par le récit d'une petite histoire personnelle, pour s'assurer d'embarquer les spectateurs dans leurs démonstrations.

- **l'ocytocine**, l'hormone de l'attachement, de l'amour et du bien-être. La même bulle de bien-être que les parents offrent à leurs enfants, lorsqu'au moment du coucher ils leur lisent une histoire. Contrairement aux croyances populaires, ce n'est pas l'histoire en elle-même qui endort l'enfant, mais plutôt le bénéfice de ce moment privilégié aux vertus apaisantes. Une relaxation qui produit un effet de lâcher-prise et le sécurise également, ce qui favorise son endormissement dans un second temps.

Une capacité à détendre l'atmosphère que l'on observe dans tous les contextes, y compris à l'occasion d'un exercice aussi formel qu'un rendez-vous client·e. Dès lors que l'un·e des participant·e·s s'illustre par un récit personnel, l'ambiance change autour de la table ! Les échanges se fluidifient, la conversation devient plus chaleureuse.

Les histoires ont également un autre super-pouvoir : elles favorisent **la mémorisation**. Tous ceux et celles qui ont eu la chance d'avoir des professeurs qui s'appuient sur le récit de petites histoires pour conter la Grande le savent déjà : on se rappelle bien mieux des faits lorsqu'ils sont englobés au sein d'une narration ! Au travail, même combat. C'est bien souvent aux histoires que l'on partage que nos collaborateur·trice·s nous associent... Encore faut-il bien les choisir et bien les raconter.

STORYTELLING, J'ÉCRIS TON NOM

S'il existe mille et une façons de raconter des histoires, une méthode permet de le faire tout en visant l'atteinte d'objectifs : le fameux storytelling. Technique de communication préférée des marques depuis plusieurs décennies, elle propose une structure narrative du discours qui reprend les codes des contes et des récits. Derrière le discours, ce procédé cherche à renforcer l'adhésion du public : toucher le cœur pour parler à la tête, autrement dit émouvoir pour mieux convaincre.

Quel que soit le domaine dans lequel cette pratique est appliquée, elle repose sur trois piliers, les trois C, comme défini par l'expert en storytelling français Wilfrid Gerber d'après *Le storytelling pas à pas* (2013)

- **Capter l'attention** : en utilisant par exemple une approche sous forme de question exposant une problématique ;

- **Captiver** : en poursuivant l'histoire avec sa situation initiale, ses personnages, ses rebondissements : le but est de transporter l'auditeur·trice ou lecteur·rice dans une aventure qui va le·a rendre attentif·ve à son développement ;

- **Convaincre** : en délivrant une « morale » ou des arguments rationnels.

Un procédé pour convaincre donc, mais aussi inspirer, engager, se démarquer… les possibilités sont infinies. Il suffit d'orienter son récit en fonction du but recherché ou de la personne qui écoute. Un choix éditorial en quelque sorte, que l'on fait naturellement, selon la coach et psychologue Cécile Pichon : « c'est un peu comme en amour, on ne se dévoile jamais entièrement au premier rendez-vous ! Inconsciemment, on va sélectionner l'histoire qui va révéler la facette de notre personnalité susceptible d'intéresser ou de piquer la curiosité de notre interlocuteur·trice. »

Et pour être toujours prêt·e à dégainer la meilleure histoire au moment opportun, on vous invite à opérer une présélection en amont.

QUELLE(S) HISTOIRE(S) RACONTER ?

L'essence de votre marque personnelle, c'est vous. C'est donc le moment que vous attendiez tant, à savoir celui de ressortir votre moodboard (voir page 84) ! Il sera une source d'inspiration précieuse pour travailler à l'élaboration de ces trois formats de contenus :

Son autobiographie

Soit l'équivalent de « ma vie, mon œuvre », votre histoire en version longue. Sans remonter à votre prime enfance, il s'agit d'une présentation détaillée, celle que vous exposez face à un interlocuteur·trice disponible et à l'écoute. L'occasion de rentrer dans le détail de votre parcours, de donner votre vision, vos ambitions, en tout cas cela suppose une démonstration de plusieurs minutes. Pour se projeter, la professeure de personal branding Aude Fraïoli Marçal recommande de s'imaginer dans les conditions d'un entretien d'embauche, face à la traditionnelle question d'ouverture « Parlez-moi de vous ». Un moment décisif à bien préparer car « c'est un peu “notre” moment, celui où on a la parole et où on ne sera pas interrompu·e. Il faut vraiment capitaliser dessus en préparant un discours et une histoire bien ficelés. Notre réponse ici, c'est ce qui va donner la couleur à tous les échanges qui suivront. » Un conseil qui peut s'appliquer à toutes les situations professionnelles dans lesquelles on sera amené à « se raconter » dans le détail.

L'exemple de Ludovic Girodon, consultant, auteur, conférencier et expert du Lab, la communauté d'expert·e·s de Welcome to the Jungle :

« Moi ? Je vole à la rescousse des managers !
Avant de murmurer à l'oreille des dirigeants, j'ai suivi des études de commerce et occupé des postes en marketing digital dans plusieurs groupes avec une approche BtoB. Mais très vite, l'entrepreneuriat m'a fait un grand appel du pied ! Un besoin d'indépendance mais aussi l'envie de porter mon idée de projet m'ont poussé à fonder ma propre boîte en 2011 : Paris ZigZag. Il est devenu l'un des médias de référence sur la découverte du Paris insolite, et une grande fierté pour moi ! Après sa revente en 2016, et fort de cette expérience, j'ai rejoint le Réseau Entreprendre Paris pour accompagner les start-up et PME sur mes thématiques de prédilection : le management et la vie d'équipe. Aujourd'hui, je varie les plaisirs en alternant conférences, formations, coaching et création de contenus. Au sein de la communauté des expert·e·s du Lab par Welcome to the Jungle, je livre mes meilleurs conseils à destination des " managers en détresse " afin de les aider dans toutes les difficultés qu'ils peuvent rencontrer au quotidien, y compris les plus inavouables ! »

Une fois qu'on a le récit de cette version longue, il sera plus aisé d'en déduire sa version courte.

Son pitch professionnel

À l'origine, le « pitch » ou « elevator pitch » est l'exercice incontournable de tout entrepreneur qui se respecte, c'est-à-dire une présentation rapide qui doit convaincre son interlocuteur·trice en un temps record (la durée d'un trajet en ascenseur) du bien-fondé d'un projet.
Dans la même veine, le pitch professionnel en personal branding reprend ce format très court (environ 30 secondes) pour se présenter rapidement en allant à l'essentiel.
« C'est un peu l'équivalent de ce que l'on dirait à un ancien camarade de promo que l'on recroise dans la rue », résume la coach et psychologue Cécile Pichon. Un exercice difficile car pour faire court, il faut peser chaque mot, mais la coach l'assure : « cela oblige à formaliser ce qui compte le plus à nos yeux ».

<u>Le pitch professionnel de Ludovic Girodon pourrait être :</u>

« Je distille mon expertise du management à travers des conférences, des formations, une activité de coaching et de la création de contenus. Mon but ? Voler au secours des managers en détresse ! »

Son catalogue à histoires

Cela peut donner le sentiment de perdre en naturel, d'être dans une approche mécanique, mais on vous rassure tout de suite, il n'en est rien ! En tant qu'humain·e faillible, nos « petites » histoires et autres anecdotes, aussi passionnantes soient-elles, ont tendance à se fondre dans la masse de nos souvenirs. Alors, y réfléchir en amont, permet de les faire remonter à la surface et surtout de bien les avoir à l'esprit pour les ressortir au moment opportun. Il s'agit de ces petites aventures (ou mésaventures) que l'on a expérimentées au travail ou dans notre vie personnelle, et qui sont particulièrement marquantes. Autant de récits de vie qui « nous racontent », mais autrement. Pour Aude Fraïoli Marçal, pas besoin de se torturer : « souvent, on a déjà identifié les anecdotes qui font mouche ! Drôles, touchantes, surprenantes… ce sont elles qui ont suscité les meilleures réactions de notre entourage que ce soit aux apéros entre ami·e·s ou à la machine à café. L'idée n'est pas de les réciter par cœur machinalement, mais plutôt de miser sur les récits qui fonctionnent, ceux qui vont permettre de faire comprendre facilement la personne que l'on est. » Reste encore à les répertorier, mais une dizaine suffit. Les plus organisé·e·s peuvent même catégoriser ces histoires par thèmes, situations, valeurs ou émotions qu'elles mettent en avant.

Un mélange des genres entre vie professionnelle et personnelle s'opère généralement à ce stade, ce qui n'est pas forcément problématique pour notre experte, à partir du moment où on en a conscience : « les frontières entre ces deux pans de notre vie sont de plus en plus floues. Pour moi la vraie question à se poser est plutôt : " qu'est ce qui relève de l'intime – et que l'on souhaite effectivement garder privé –, et qu'est ce qui relève de la sphère publique ? " Une fois qu'on l'a déterminé, on se sent libéré·e et davantage prêt·e à se livrer. »

Au-delà des limites à poser, veillez toujours à vous assurer que les messages véhiculés par ces anecdotes sont en cohérence avec la marque personnelle que vous souhaitez incarner. Une marque qui vous ressemble et qui sert vos objectifs professionnels, comme vous l'avez définie dans votre moodboard page 84.

Enfin, à tous·tes ceux·lles qui seront tentés de penser qu'ils n'ont rien d'intéressant à raconter, on vous arrête tout de suite : toutes les histoires de vie sont intéressantes ! Comme l'écrivait Jean-Paul Sartre dans *La Nausée* (1938) « pour que l'évènement le plus banal devienne une aventure, il faut et il suffit qu'on se mette à le raconter. » Voyons comment.

« Pas besoin d'être extraordinaire pour ne pas être banal·e. »

Par **Lucile Quillet**, journaliste, autrice du livre *Libre de prendre le pouvoir sur ma carrière, guide de coaching professionnel pour les femmes qui veulent se réaliser au travail* et experte du Lab, la communauté d'expert·e·s de Welcome to the Jungle.

Quand je parle autour de moi de la nécessité d'utiliser le storytelling pour parler de soi dans le monde pro, les yeux s'ouvrent en général en grand, interloqués. « Moi, faire du storytelling ? Encore faudrait-il que j'aie quelque chose à raconter, je n'ai rien d'exceptionnel ! », me répond-on souvent. Le problème, c'est que pour se raconter, il faut déjà être convaincu de son histoire. Et là, nous sommes beaucoup à penser que notre vie est absolument, totalement, ennuyeusement banale. Évidemment, c'est faux.

ÊTRE PRODIGE OU NE PAS ÊTRE

Pourquoi pensons-nous que le storytelling est un sport VIP, un droit réservé à la caste des extraordinaires ? Je pense qu'il y a une histoire de syndrome de l'imposteur (toujours dans les parages) et de culpabilité derrière tout ça. En cause : le mythe du self-made-man et la panoplie d'outils modernes à notre disposition pour se faire repérer envers et contre tout... Le tout encouragé par des mantras hypra-responsabilisants déversés par le tsunami du développement personnel.

Disposant de soi-disant tous les outils nécessaires, la pression est grande pour ne pas être n'importe qui. Et vite, si possible. En voyant comme notre société idolâtre les précoces qui ont rentabilisé leur temps (des fameux « 30 under 30 » aux retraités de 40 ans, en passant par les étudiants CEO et les mompreneures qui montent leur business en plein congé mat), on finit par jeter l'éponge...

CE QUI FAIT UNE BONNE HISTOIRE

Or, pour être quelqu'un et avoir une histoire à raconter, il ne faut pas forcément avoir une vie digne d'un documentaire Netflix. Si j'ai bien appris une chose en tant que journaliste, c'est que nous avons tous une (au moins) bonne histoire à raconter. Personne n'est banal, car nous sommes tous humains, c'est-à-dire traversés par des émotions et des épreuves que les autres peuvent comprendre.

Et que les plus dubitatifs se fassent une raison : de toute façon, nous racontons tous, qu'on le veuille ou non, une histoire à travers nos mots et nos gestes. Les autres se font toujours une idée et un récit supposé de notre vie quand ils nous croisent dans les couloirs ou en balayant notre CV du regard. Alors autant maîtriser cette histoire et bien la raconter.

VENEZ COMME VOUS ÊTES

Alors non, je ne vous dirai pas que vous êtes forcément quelqu'un d'exceptionnel, car, déjà, vous savez bien qu'il n'y a qu'un seul «vous» sur Terre, que nous sommes tous des êtres exceptionnels mais qu'honnêtement, c'est aussi un peu fatigant de devoir se penser incroyable pour se sentir bien. L'important, c'est d'être vous, et la meilleure histoire que vous pouvez raconter est avant tout celle qui vous ressemble.

Et puis, banal, au final, c'est bien aussi. Ça vous évite de vous ridiculiser en prétendant changer le monde en vendant des télévisions incurvées. Ça vous rend humain, donc accessible, donc impactant. Ce que le storytelling nous offre, c'est d'arrêter avec un perfectionnisme écrasant qui vous répète que vous n'êtes pas assez bien pour retrouver quelque chose de précieux, rare et durable : un peu d'authenticité.

LES INGRÉDIENTS D'UNE BONNE HISTOIRE

On a tous·tes déjà été pendu·e·s aux lèvres de personnes qui savent rendre une « historiette » du quotidien si palpitante, qu'on est tenu en haleine jusqu'au dénouement de l'affaire, même avec un enjeu aussi relatif que trouver une place de parking ! Mais quel est leur secret ? Nul question de don ici : comme dans beaucoup de domaines dans la vie, bien raconter les histoires se travaille.

Comprendre à qui on s'adresse

Comme le dit l'adage, « s'adresser à tout le monde, c'est s'adresser à personne ». Les professionnels du marketing le savent bien, pour mieux toucher le public ou la personne que l'on vise, il faut avant tout mieux le·la connaître.
C'est dans cette logique qu'ils intègrent dans leurs stratégies, l'élaboration de personas, c'est-à-dire des profils type de clients ou prospects susceptibles d'acheter leurs produits et/ou services ou d'être sensibles à leur image. Pour cela, ils commandent des enquêtes, mènent des entretiens et croisent une multitude de données, tant démographiques (âge, genre, classe sociale, habitudes de consommation) que sur des aspects plus intérieurs tels que leurs sources de motivation, leurs freins pour passer à l'action, leurs besoins, leurs attentes, etc.

À propos d'une marque personnelle, on ne bénéficie pas de la même artillerie d'outils ni même de compétences pour élaborer des personas aussi précis, néanmoins la journaliste, romancière et scénariste Vanessa Caffin, recommande tout de même de se pencher sur la question. « Il faut toujours se demander qui est la personne qui vous lit ou vous écoute. Quels sont ses désirs, ses aspirations, ses intérêts, ses blocages…? Plus vous affinerez son profil psychologique, plus la communication que vous engagerez avec cette personne sera juste jusqu'à susciter la bonne émotion, celle qui crée du lien. »

Comment faire :

- Si vous visez des personnes de votre cercle professionnel, questionnez-les directement au détour d'une conversation, par mail ou sur les réseaux sociaux sur les sujets qui les passionnent, ce qui les met en colère, les personnalités qu'elles admirent, etc.

- Si vous devez aborder des personnes que vous ne connaissez pas, foncez sur les réseaux sociaux! Cherchez des contacts par entreprise/métier/secteur, visitez leurs pages de profil et en fonction de leur activité, de leurs publications, leurs pages abonnés, déduisez leurs centres d'intérêts et intéressez-vous aux types de contenu qui les font réagir.

Ne négligez pas votre veille professionnelle comme le suggère la spécialiste du personal branding Aude Fraïoli Marçal « C'est incontournable pour sentir et évaluer les tendances d'un marché, d'un domaine professionnel, connaître les préoccupations de certains métiers… » Magazines, blogs, sites d'informations, podcasts, chaînes Youtube… : restez en alerte. Vous pourrez ainsi faire des ponts entre les sujets qui intéressent vos cibles et votre récit personnel ou votre expertise.

le +

«Loin des yeux, loin du cœur»

Zoom sur la loi de proximité.

Pour intéresser son lectorat ou ses auditeur·trice·s, les journalistes le savent bien, il faut parler de quelque chose de nouveau, d'original, de concret mais surtout de... proche! C'est la fameuse loi de proximité selon laquelle, d'une manière générale, on accorde plus d'importance à une histoire qui respecte:

- **Une proximité géographique:** on témoigne plus d'intérêt pour ce qui se passe en bas de chez nous qu'à l'autre bout du monde.
- **Une proximité temporelle:** les informations se périment vite, un événement récent sera toujours privilégié à un événement plus ancien.
- **Une proximité psycho-affective:** c'est-à-dire une information qui nous préoccupe ou nous touche.
- Et enfin **une proximité socio-professionnelle:** notre intérêt pour une information ou un récit varie en fonction de notre âge, nos passions, notre métier...

Suivant cette logique, pour faire mouche: connaître ses interlocuteur·trice·s est bel et bien incontournable.

Choisir un angle

C'est une règle de base en journalisme, et essentielle pour raconter une bonne histoire : angler son propos. Choisir un angle, c'est choisir le message que vous voulez faire passer. Vouloir « tout » raconter, c'est prendre le risque de se disperser voire de noyer votre auditoire sous les informations. L'angle est le fil rouge autour duquel dérouler votre récit et qui vous aidera à aller à l'essentiel.

Par exemple :

« Je déjeunais tous les midis devant mon ordinateur, jusqu'à ce jeudi de mai où le soleil était si haut, qu'il m'a donné envie de sortir. Je poussais alors pour la première fois le portillon d'un charmant petit square. Là, assise sur mon banc, le sandwich à la main, j'ai levé les yeux, ébahie par la beauté des arbres qui m'entouraient. J'ai alors réalisé que pendant des mois, tous les jours, j'étais passée devant ce square sans jamais y prêter attention. Le soir même, quand j'ai éteint mon ordinateur, je savais que ce serait la dernière fois. »

Dans cet exemple, l'angle de l'histoire est de raconter le « déclic » qui a provoqué un virage professionnel. Un choix éditorial qui, en plus d'illustrer notre besoin de changement, invoque une expérience connue de tou·te·s qui est ce moment où une révélation va changer le cours de notre vie.
Pour choisir un bon angle, l'écrivaine Vanessa Caffin recommande de se mettre à la place de ceux qui nous lisent ou

nous écoutent : « Gardez à l'esprit que les gens ne sont pas intéressés par vous, ils sont intéressés par eux. Ça peut paraître cynique mais c'est une réalité : celui ou celle qui vous écoute ou vous lit porte toujours en lui·elle un désir, une attente, une demande. » Même dans un récit de vie, aussi passionnant soit-il, il faut donc chercher les points de rencontres, les sujets, les illustrations qui vont intéresser votre cible. « Il faut créer une sorte de cocon d'intérêt pour l'autre, à l'intérieur duquel vous pourrez ensuite parler de vous. »

Fuir l'abstraction

C'est une mauvaise pratique, malheureusement assez répandue dans la sphère professionnelle : s'exprimer en restant dans l'abstraction c'est-à-dire le monde des idées. Gage de sérieux pour les uns, cela donne des contenus désincarnés pour d'autres. En tout cas, ces messages parlent aux cerveaux, mais ne touchent jamais les cœurs. Une erreur qui désole Vanessa Caffin pour qui, « tant que vous n'incarnez pas de façon singulière, concrète, personnalisée, terrienne ce que vous racontez, vous ne provoquerez aucune émotion. »

Pour remédier à cela, l'auteure suggère de s'appuyer sur des choses vécues : « c'est une règle de dramaturgie : décrire une émotion ne les provoque pas, le personnage doit la vivre. Dire ou écrire "face à la peur, je suis courageux" ne sert à rien, quand raconter un moment clef de votre carrière où vous avez surmonté des obstacles concrets va donner du sens à ce que vous avancez et surtout va créer un lien émotionnel. »

Miser sur l'anecdotique

La romancière Vanessa Caffin insiste : « l'anecdotique n'a rien d'anecdotique ! » Humain·e après tout, il s'agit de conter toutes ces petites choses qui nous rendent aussi attachant·e·s qu'inoubliables. Comme une manie, une attitude, une obsession…

Pour illustrer son propos, elle se réfère à un classique du cinéma : « Dans le film *Pretty Woman*, pour exprimer l'idée que l'héroïne (travailleuse du sexe) marque la différence entre relations tarifées et relations personnelles, les scénaristes ont ajouté un comportement spécifique : le personnage de Vivian n'embrasse pas ses clients sur la bouche. Un élément de récit " anecdotique " qui se révèle finalement central dans l'histoire. D'ailleurs, tous ceux·lles qui ont vu le film s'en rappellent. »

D'ailleurs, si vous aussi vous avez une particularité ou une « curiosité » un peu insolite comme collectionner les capsules de soda, un rire qui fait trembler les murs ou une garde-robe tout droit sortie des années 1970… ne le cachez pas ! Au contraire, ce type d'aspérité marque les esprits de ceux·lles qui croisent votre route et vous rend mémorable. Certes, toutes les circonstances ne se prêtent pas à la mettre en avant (on ne va pas parler de sa phobie des pieds à un entretien d'embauche auprès de la DRH d'un grand groupe de luxe… quoique ?). Mais tout de même, pensez-y : plutôt que de planquer ce petit truc original voire un brin étrange sous le tapis, assumez ! Ça peut sérieusement vous démarquer.

Structurer ses histoires

Tous les meilleurs storytellers (pardonnez-nous cet anglicisme) sont formels : une bonne histoire repose essentiellement sur une structure équilibrée, un point pourtant difficile à appréhender lorsque l'on n'est pas Père Castor ou conteur·euse professionnel·le. Pour y remédier, Aude Fraïoli Marçal recommande de s'appuyer sur une technique qu'elle a même éprouvée et validée lors des cours qu'elle dispense en école supérieure : le pitch Pixar. Secret de fabrication des films d'animation à succès de ces studios mondialement connus, cette structure « prête à l'emploi » est composée de six phrases clés, autour desquelles articuler son récit tout en s'assurant de sa solidité :

Il était une fois... **Chaque jour...**	→	Description d'une situation antérieure idéale
Mais un jour...	→	Création d'une rupture, d'un changement ou évocation d'une catastrophe
À cause de ça... **Et ça...**	→	Description des conséquences de cette rupture
Jusqu'à ce que finalement...	→	Une solution porteuse d'un nouvel équilibre

Ce processus de fonctionnement narratif efficace garantit de capter et maintenir l'attention de votre audience tout au long de votre récit.

« Le voyage du héros » se présente comme une alternative intéressante. Théorisée par l'écrivain et mythologue américain Joseph Campbell, c'est la structure narrative des voyages initiatiques classiques que les héro·oïne·s traversent dans la plupart des œuvres littéraires et cinématographiques. Une approche qui s'attache à raconter comment un personnage passe de sa situation initiale à une nouvelle situation. «Avec le voyage du héros, on voit bien le point de départ et celui de l'arrivée avec surtout la progression qui a permis ce voyage. C'est la phase de progression qu'il faut alors bien travailler, car c'est celle qui va embarquer les gens», précise Aude Fraïoli Marçal.

Dans tous les cas, pour notre experte, ces structures narratives aident à poser les jalons de son contenu car l'exercice n'est pas évident: «parfois certain·e·s orateur·trice·s pensent raconter une histoire alors qu'ils sont juste en train de délivrer une information, ne rendant pas leur message inoubliable. Il arrive même qu'i·el·s commencent à développer un propos sans savoir vraiment où i·el·s vont et perdent leur auditoire en chemin.»
Une meilleure compréhension des étapes qui guident une histoire permet alors d'éviter ce type d'écueils.

Tester!

Passer le «crash test» en racontant ses histoires est le meilleur moyen de vérifier si elles sont suffisamment bien ficelées, claires, pertinentes, drôles ou intéressantes. La coach et psychologue Cécile Pichon recommande de les partager dès que l'occasion se présente, en commençant par des situations sans enjeux professionnels comme des apéros entre amis ou des événements informels de réseaux. Ce sont les conditions idéales pour tester un pitch professionnel: «ça permet de jauger tout de suite si on est à l'aise avec ce qu'on raconte, si ce qu'on dit sonne juste, que le déroulé de notre histoire est fluide...» Autant d'opportunités pour ajuster et améliorer vos récits jusqu'à leur meilleure version.

LE SUJET DÉLICAT DES ÉCHECS

Tou·te·s celles et ceux qui ont suivi une scolarité en France le savent bien: chaque faute, chaque erreur est sanctionnée au stylo rouge sang. Une école qui valorise les premiers de la classe autant qu'elle stigmatise ceux et celles qui échouent par leurs mauvaises notes. Une vision négative de l'échec qui perdure dans le monde professionnel. Par exemple, les banques sont réticentes à l'idée de prêter de l'argent à un·e entrepreneur·euse qui a déjà connu des déboires avec une précédente affaire. Pourtant, elles pourraient se dire que, riche de cette expérience, cet·te entrepreneur·euse plus aguerri·e ne commettrait plus les mêmes erreurs. Parce qu'échouer, finalement c'est aussi apprendre! Dans la culture américaine, c'est même une étape normale pour réussir. Si bien que le mantra *«Fail fast, fail often»* («échoue vite, échoue souvent») trône dans les open spaces des entreprises de la Silicon Valley pour mieux encourager les salarié·e·s à prendre des risques, innover, quitte à se planter.

Une vision positive de l'échec qui a infusé jusque dans notre Hexagone. De plus en plus de professionnel·le·s osent désormais parler de leurs déboires et assumer les failles de leurs parcours. Des grandes entreprises organisent même des séminaires dans lesquels les managers racontent leurs échecs et comment ils ont rebondi. Et parce qu'on en connaît tous à un moment ou un autre de notre vie, si on assumait enfin cette partie de notre histoire?

Verbaliser ses échecs: mode d'emploi

Sur LinkedIn, à la machine à café, lors d'un pitch de création d'entreprise ou pendant un entretien d'embauche: on est de plus en plus souvent amené·e à raconter ou expliquer ses échecs. Une démarche saine, qui aide à s'assumer pleinement, à partir du moment où on est prêt·e à les dévoiler. Petite mise au point avant se lancer.

- Blessure ouverte: on s'abstient

Pour la psychologue Cécile Pichon, c'est notre rapport à l'échec qui va être déterminant: «La clé c'est de savoir si l'échec est digéré ou non. Si ce n'est pas le cas, on risque d'éprouver des difficultés à en parler et la plupart du temps ça va nous desservir.» Bien sûr, certains déboires sont plus douloureux que d'autres, et une mauvaise expérience professionnelle peut laisser des traces. On a alors besoin de temps pour cicatriser, une aide extérieure tel·le un·e proche, un·e coach, un·e psychologue peut nous aider à mieux les accepter. Si on n'a pas eu le temps de panser ses plaies, il est donc préférable de faire l'impasse sur le sujet.
Mais si on se trouve dans une situation où la question de nos échecs ou de nos sorties de route sera forcément abordée – entretien d'embauche et fête familiale, même combat – on prépare une réponse. Essayer de contourner le sujet est une mauvaise stratégie qui peut se retourner contre nous: cela donne l'impression qu'on a des choses à cacher et n'inspire pas confiance (voire attise encore plus la curiosité à propos du sujet qu'on a tenté de planquer sous le tapis). Préparer un discours satisfaisant pour les

deux parties – ni dévalorisant pour nous, ni faux pour votre interlocuteur·trice – est votre planche de salut, que vous soyez face à un RH ou votre tante par alliance.

• Situation bien assimilée : on fonce

En revanche, quand on a bénéficié du temps nécessaire pour accepter et analyser une défaite, on peut aborder le sujet librement. « À partir du moment où un échec est assumé, qu'il s'inscrit dans une logique d'apprentissage et qu'on est capable d'en tirer des conséquences positives, il n'y a aucun échec qui ne soit pas dicible », insiste la psychologue. Au contraire, c'est faire preuve d'humilité, et c'est l'atout maître d'une marque personnelle authentique dans laquelle on assume qui l'on est.
Prenons l'exemple d'Hakim, qui après huit ans à gravir les échelons d'une entreprise prestigieuse du CAC 40, a tout quitté pour suivre un de ses clients qui montait sa boîte. Une prise de risque qui s'est soldée par une rupture conventionnelle au bout de quelques mois seulement. Rapidement en désaccord avec les process de travail et globalement déçu par cette aventure en start-up, le cadre n'avait jamais réussi à trouver sa place. Une malheureuse expérience qu'il a choisi d'assumer pleinement. Certes, la collaboration n'avait pas été concluante, mais il a eu l'audace de sortir de sa zone de confort pour se lancer dans l'inconnu. Cette expérience lui a confirmé que l'environnement de travail qui l'épanouit le plus est celui des grands groupes. En apportant la preuve d'une meilleure connaissance de soi, il ajoute une compétence à son profil.

Un plantage peut très bien devenir ainsi un avantage concurrentiel à celui/celle qui sait bien l'argumenter, comme l'analyse la coach: «Il faut être capable d'expliquer vos mauvaises décisions ou mauvaises expériences en montrant que vous avez du recul sur la situation et que vous n'êtes plus dans l'émotionnel.»

• **Positif·ve, même dans la débâcle**

Enfin, dernier conseil pour verbaliser ses échecs avec succès: bannir l'emploi de termes négatifs comme «je n'ai pas réussi à» ou «c'était trop dur». À la place, décrivez les difficultés rencontrées, ou les contours d'un challenge trop ambitieux, tout en restant constructif·ve sur ce que ces dernier·e·s vous ont appris. On évite également de faire porter le poids de ces faillites sur les épaules des autres en multipliant les attaques personnelles, comme s'acharner sur l'incompétence d'une ancienne collègue ou qualifier son manager de «broyeur d'ambition». Une attitude qui ne fait pas la démonstration d'une prise de distance avec les événements! «Vous pouvez en revanche expliquer que le feeling ne passait pas, que vous ne partagiez pas les mêmes valeurs que l'entreprise ou encore que le style de management n'était pas adapté à vos besoins...» Dans tous les cas, prenez le temps de peaufiner votre argumentaire.

le +

Les vertus de l'échec

Avec son livre *Les vertus de l'échec* (2016), le philosophe Charles Pépin nous invite à changer de regard sur nos échecs en en soulignant leurs nombreuses vertus :

- **La vertu d'apprentissage**, de compétence. Essayer, tâtonner, se tromper : c'est la façon normale d'apprendre chez l'être humain.

- **La vertu de persévérance**. Dans l'adversité on affirme son caractère et on révèle notre ténacité.

- **La vertu de bifurcation**. Parfois l'échec nous apprend simplement que ce que l'on fait n'est pas pour nous et nous ouvre la voie vers autre chose.

- **La vertu de « joie du combattant »**. Ce sont nos déboires, nos ratés qui nous font savourer nos succès.

- **La vertu d'humilité**. Dans l'échec, on rencontre notre humanité. Si on ne connaît que le succès, l'arrogance nous guette.

ABORDER LES SITUATIONS DIFFICILES

Réussir, s'épanouir mais aussi relever des défis et affronter des épreuves : autant de moments forts que l'on traverse au cours d'une carrière. Certains plus douloureux et complexes à retranscrire que d'autres, comme pour les cas de licenciement et de burn-out. Si vous avez vécu une ou plusieurs de ces situations, les recommandations qui suivent peuvent vous aider à en parler.

Licenciement(s)

Avoir fait l'objet d'un licenciement est souvent vécu comme une expérience douloureuse, qui embarrasse même, tant on a l'impression qu'elle va entâcher durablement notre parcours. Ne laissez surtout pas cette épreuve remettre en question vos capacités : ce n'est pas parce qu'un emploi ne vous a pas convenu que vous n'allez pas briller à un autre poste. La meilleure chose à faire pour rebondir ? Réussir à en parler simplement et sans honte.

Pour mieux assumer cet épisode de votre carrière, prenez le contrôle de son récit :

• Anticipez. Pour éviter de vous sentir déstabilisé·e si le sujet est mis sur la table, anticipez toutes les questions que l'on pourrait vous poser et préparez vos réponses : Le type de licenciement, le ou les motif(s), le déroulement, les circonstances…
S'il n'y a rien de honteux à avoir été licencié·e, il faut en revanche être en mesure d'expliquer les raisons de votre départ. Faites-le simplement, en vous en tenant aux faits.

• Assurez vos arrières. C'est la fausse bonne idée du secret professionnel partagé : « Je ne devrais pas vous le dire mais...» Non, vraiment, avant de déballer tous les détails de cette histoire, assurez-vous de ne pas commettre d'impairs juridiques en vous renseignant sur la politique de confidentialité de votre ancienne entreprise et éventuellement les clauses que vous avez signées. Ne courez pas le risque de ternir votre intégrité en compromettant un secret professionnel.

• Soyez honnête. Aborder le sujet franchement, sans détour, est la meilleure tactique. Cette transparence crée un climat de confiance quand rester évasif·ve ou éviter le sujet provoque la défiance. Pas besoin de rentrer dans les plus infimes détails de l'histoire, ce qui pourraient lasser votre interlocuteur·trice, mais parlez-en sincèrement, sans vous en excuser.

• Mettez vos émotions à distance. Comme pour n'importe quel échec, contenez les réactions excessives comme «j'ai été très en colère», «cela m'a énormément surpris·e», «j'étais très content·e de partir» et évitez de trop parler à la première personne du singulier. Au lieu de dire: «j'ai été très déçu·e», dites: «la situation était décevante». De même, ne dénigrez pas votre ancien·ne employeur·e au risque de laisser penser que vous n'assumez pas votre part de responsabilité.

• Ne vous dévalorisez pas. Ne mettez pas en doute vos capacités: concentrez-vous plutôt sur ce que vous avez appris. Illustrez votre apprentissage, en disant par exemple: «Mon employeur a mis un terme à mon contrat car la collaboration avec mes collègues n'était pas idéale. Aujourd'hui, j'ai une meilleure conscience de l'importance du travail d'équipe et je pense que je serai plus attentif·ve à ne pas laisser des problèmes internes ou externes nuire au groupe. »

Bien sûr, les circonstances qui mettent fin à un contrat de travail sont aussi complexes que diverses et ne débouchent pas sur les mêmes procédures. Le type de licenciement influence plus ou moins négativement la perception de cet événement. S'il s'agit d'un licenciement économique par exemple, vous n'en êtes pas responsable et il vous suffira d'expliquer les difficultées rencontrées par votre ancienne entreprise. En revanche, dans le cadre d'un licenciement pour faute, à vous d'analyser les erreurs commises – et que vous ne commettrez plus – ou d'expliquer le conflit s'il y en a eu un… Mais surtout : concentrez-vous sur ce que cet événement vous a appris, les écueils que vous évitez maintenant. Enfin, montrez que cette page est tournée et que vous êtes orienté·e vers l'avenir.

Burn-out

Travailler sans relâche, sous tension, surinvestir son travail au détriment de son équilibre personnel, et un jour perdre pied… Le burn-out est cet effondrement, un épuisement à la fois émotionnel, physique et mental qui vide la personne qui en est atteinte.

Le syndrôme de l'épuisement professionnel est un phénomène malheureusement en expansion. D'après le baromètre T4 Empreinte Humaine Opinion Ways de décembre 2020 sur l'état psychologique, risques psychosociaux & épuisement des salarié·e·s français·es, rien qu'en France, on estime qu'un million de personnes (environ 5 % des salarié·e·s) étaient en burn-out sévère fin 2020. Une pathologie qui touche toutes les professions et tous les profils. Se remettre d'un tel épuisement peut être long, mais même une fois remis sur pieds, cet épisode de la vie particulièrement douloureux, peut rester un sujet sensible. Certaines personnes sont réticentes à l'idée d'en parler dans la sphère professionnelle, par peur de passer pour une personne fragile ou instable, notamment face à un nouvel employeur. Car même si la parole commence à se libérer autour de la santé mentale au travail, certains préjugés ont la vie dure, et les manifestations et les causes du burn-out restent encore méconnues du grand public. On le confond avec un état dépressif ou un surmenage alors qu'il s'agit d'un syndrôme plus complexe où le sentiment d'épuisement s'accompagne d'un cynisme (un état d'esprit pessimiste, détaché vis-à-vis du travail et des collègues) et d'une diminution de l'efficacité professionnelle.

Une épreuve terrible mais qui, comme toutes les épreuves, peut aussi nous apporter des révélations sur ce que l'on veut et ne veut plus. Bien souvent, cela nous ouvre les yeux sur les limites à poser pour préserver notre santé future. Et c'est un argument positif et solide pour un·e recruteur·trice. On aura ainsi développé une vigilance accrue pour repérer les premiers symptômes qui doivent alerter, à la fois chez soi mais aussi chez les autres.

Enfin, après la guérison d'un burn-out, on opère souvent des transitions de vie. On revoit ses priorités, on se dirige vers d'autres façons de travailler, un autre métier, parfois une reconversion professionnelle. Autant d'histoires intéressantes à partager qui peuvent ouvrir la voie à d'autres et contribuer à faire changer les mentalités. Quelque part, chaque histoire de burn-out est, à son échelle, un outil de sensibilisation qui œuvre à la prévention en entreprise et à une meilleure prise en charge des malades. Et n'oubliez pas que la personne face à vous, porte aussi une histoire avec son lot d'aléas ; votre récit peut alors la toucher, résonner en elle.

Dans une démarche de personal branding, l'enjeu est d'assumer qui l'on est. Dire la vérité sur ce qu'on a vécu permet de rester fidèle à son histoire, tout en jaugeant la personne qui écoute. À l'occasion d'une nouvelle collaboration par exemple, si la personne vous juge négativement, c'est peut être le signe qu'il ne faut pas y aller ! Quand au contraire, rencontrer des gens ouverts qui acceptent les failles des autres sans remettre en question leur valeur et leurs capacités en fera peut-être des partenaires précieux sur lesquels miser sur le long terme.

JUSTIFIER LES PÉRIODES DE PAUSE

Le CV linéaire, sans période dite de « trou » est en voie de disparition. Tout simplement, parce que les aléas de la vie (déménagement, congé parental, problème de santé, réorientation, etc.) nous mettent parfois en pause. Au même titre qu'on peut assumer ses échecs sans honte, il n'y a aucune raison de rougir à propos de ces situations qui sortent d'une trajectoire classique. Vous avez arrêté de travailler pour un projet personnel ou familial ? Vous avez ressenti le besoin de prendre du temps pour faire le point, vous recentrer ? C'est ok ! Parfois, la vie nous réserve des surprises, et il faut savoir revoir ses priorités pour s'adapter.

Des moments particuliers qui surviennent pour tous et toutes, à un moment ou un autre de la vie. Alors pas de panique, les bonnes raisons ne manquent pas pour les expliquer et les intégrer harmonieusement dans votre parcours professionnel.

Les cinq conseils de la psychologue et coach Cécile Pichon pour justifier ses périodes de pause professionnelle :

Se réconcilier avec son histoire

Pour être en mesure de renverser les éventuels a priori de votre entourage professionnel face à ces situations, préparez-bien votre discours pour les aborder. Premièrement, interrogez-vous : quelles ont été les raisons ou les circonstances qui vous ont amené·e à vivre une telle pause ? Prenez le temps de relire vos dernières expériences et les événements qui ont amené ce break dans votre carrière, et entraînez-vous à les formuler de manière simple.

Par exemple :

- « Après cette expérience riche, dense, j'avais besoin de temps pour souffler, de recharger les batteries. »
- « J'étais perdu·e professionnellement, il m'a fallu faire un bilan / me faire accompagner. »
- « J'ai souhaité faire une pause pour m'occuper de mes enfants. »
- « J'avais un projet depuis longtemps et j'en ai profité pour le réaliser. »

Chacun·e a son histoire, gardez en tête que toutes les personnes à qui vous vous adressez ont dû également se confronter aux aléas de la vie !

Faire le point sur la manière dont on a occupé son temps libre

Qui dit pause, dit inactivité professionnelle apparente… Cependant, vous n'êtes certainement pas resté·e sans rien faire pendant tout ce temps ! Alors réfléchissez : à quoi avez-vous occupé vos journées durant cette période de creux ? Les possibilités sont multiples, en fonction des raisons qui ont occasionné cette interruption dans votre parcours :

- Un projet personnel, un voyage, qui vous tenait à cœur depuis longtemps ?

- Un défi sportif, un projet artistique que vous avez enfin commencé ?

- Un temps précieux consacré à veiller et élever vos jeunes enfants qui a développé votre sens de l'organisation et votre flexibilité ?

- Une formation dans un domaine qui vous intéresse, qu'elle soit liée ou non à votre métier d'origine : langues, informatique, remise à jour de vos compétences techniques ?

- L'obtention d'un diplôme, d'un certificat, d'un permis, pour avancer dans votre vie : permis de conduire, TOEIC, Diplôme Universitaire, VAE, etc. Ces démarches prennent du temps !

- Un projet associatif, du bénévolat pour une cause qui vous tient à cœur ?

- Un bilan de compétences, un coaching, pour vous aider à déterminer la direction professionnelle que vous souhaitiez prendre ?

- Des recherches, des rencontres, pour un éventuel projet d'entrepreneuriat ?

Prenez le temps de lister ce que vous avez fait durant cette période, afin de montrer que vous n'êtes pas resté·e inactif·ve et avez occupé votre temps de manière structurée. Cela permet de nourrir votre récit sur ces périodes particulières.

Établir un lien entre ce que l'on a fait pendant ces pauses et là où on est aujourd'hui

Vous avez listé toutes les activités professionnelles, extra-professionnelles voire personnelles que vous avez exercées durant votre période de creux ? Prenez maintenant le temps de faire le lien entre ces activités et votre poste actuel ou celui que vous visez. L'objectif est de montrer que vous avez su mettre à profit cette période et en tirer des bénéfices pour la suite de votre vie professionnelle : nouvelles compétences, projet professionnel plus précis, motivation affirmée, etc. Il s'agit avant tout de montrer à quel point vous êtes resté·e actif·ve et informé·e de l'actualité de votre secteur, et de rassurer sur votre capacité à vous remettre dans le bain même après des périodes de pause. Chaque transition professionnelle, quelle que soit sa durée, est aussi l'occasion de se poser, de faire son introspection, pour être plus au clair sur ses choix futurs. En faisant un lien entre ce que vous avez vécu, ce que vous êtes aujourd'hui ou ce que vous briguez, vous mettez en avant votre cheminement, et c'est ce qui va intéresser vos interlocuteur·trice·s.

Jouer cartes sur table

Nombreux sont les motifs entendables qui justifient ces fameux « trous » dans une carrière, alors nul besoin de les occulter ou de les cacher. Envisagez-les plutôt comme l'opportunité de vous faire connaître, non pas grâce à des expériences professionnelles mais au contraire par des rebondissements qui ont forgé la personne que vous êtes aujourd'hui.

Adopter une positive attitude !

La manière dont les autres vont percevoir cette étape de votre carrière dépend en grande partie de la façon dont vous l'expliquez. Rester constructif est un point essentiel. Comme au sujet des échecs, veillez à ne blâmer personne, même si les événements que vous avez vécus n'ont pas été simples. L'important est de montrer que vous avez su mettre à profit ou tirer des bénéfices de ce moment de flottement professionnel.

Derrière chaque pause apparente se cache en fait une histoire à réintégrer dans la narration de votre itinéraire professionnel.

EN RECONVERSION PROFESSIONNELLE

Vivre une reconversion professionnelle est une expérience aussi déstabilisante qu'enrichissante. Changer de voie, appréhender un nouveau secteur d'activité est un recommencement, on repart (presque) de zéro. De nouveau jeune débutant·e, il faut réapprendre un métier, acquérir de nouvelles compétences, faire ses preuves… et en plus, adopter un discours cohérent qui portera ce nouveau projet ! Pour ce dernier point, comme pour les situations évoquées précédemment, rien de sorcier : soyez honnête sur votre démarche et affûtez vos arguments.

Trois conseils pour consolider votre discours :

- **Établir un pont entre passé et présent**
Détaillez le chemin parcouru pour passer de votre ancienne voie professionnelle à la nouvelle. L'occasion d'expliquer les liens et les différences entre ces deux univers, mais surtout les convictions qui vous ont poussé·e au changement.

- **Ne pas se laisser déstabiliser**
Nouveau·elle venu·e certes, mais pas inexpérimenté·e non plus ! Valorisez les compétences acquises dans vos précédentes expériences professionnelles, transformez-les en compétences transverses. De même, montrez que votre projet est le fruit d'une réflexion aboutie, que votre motivation est profonde.

• <u>Affirmer sa différence</u>
Vous n'avez pas suivi les mêmes études que les autres personnes au même poste ? Bien. Vous ne venez pas du tout du même secteur d'activité ? Bonne nouvelle.
Vous avez un atout conséquent par rapport à vos collaborateur·trice·s : un regard neuf. Des idées fraîches, des compétences utiles… Alors, relevez la tête, vous êtes peut-être la relève de la nouvelle profession que vous embrassez.

Le point commun entre échecs, situations difficiles, moments de pause et reconversion professionnelle ? Ce sont des périodes de transition ! Et c'est justement ce qui les rend passionnantes à conter.

« La meilleure réponse à un déboire, c'est une histoire. »
Bruce Feiler

C'est ce qu'enseigne l'auteur Bruce Feiler dans son ouvrage *Life is in the transitions* (2020). D'après lui, il faut voir les changements de vie comme autant d'occasions autobiographiques ! Mieux on raconte nos périodes de transitions, plus on maîtrise leur déroulement et on prend notre vie en main.

Maintenant qu'on a la partition, reste à affûter nos instruments : écrits, discours, langage non verbal… découvrez comment jouer avec cette palette d'outils pour composer une marque personnelle juste et interpréter avec brio la mélodie des récits qui l'accompagnent.

2. LES OUTILS POUR SE RACONTER

L'ÉCRITURE

Mails, présentations, lettre de motivation, livre blanc, publication sur les réseaux sociaux, articles de blogs… Au travail, on écrit tous les jours ! Une activité que vous pratiquez peut-être sans réfléchir si vous faites partie des chanceux qui sont à l'aise avec l'exercice, mais ce n'est vraiment pas le cas de tout le monde. En fait, écrire c'est mettre une partie de nous sur papier, et forcément, cela soulève de nombreuses questions : Est-ce bien rédigé ? Ai-je utilisé le bon ton ? Le bon vocabulaire ? Y a-t-il des fautes d'orthographe, de grammaire ? Est-ce que mon angle est suffisamment intéressant/original/drôle/précis… (ajoutez le qualificatif qui vous plaira) ? Une liste d'interrogations qui peut s'allonger comme le bras et aller jusqu'à la peur bleue de s'exprimer à l'écrit. Sans qu'ils·elles souffrent d'une phobie (la graphophobie, la peur irraisonnée et incontrôlable d'écrire), nombreux·ses sont ceux·lles qui sont fâché·e·s avec l'écriture depuis l'école. Les dictées, rédactions, dissertations, explications de texte, systématiquement lus, corrigés, notés et parfois moqués par les enseignant·e·s, auront eu raison de leur plume. Si vous êtes dans ce cas, rassurez-vous : dans un contexte professionnel, nul besoin de s'aligner sur le niveau d'exigence de la littérature pour bien faire passer vos messages. Surtout, il faut voir l'écriture pour ce qu'elle est, c'est-à-dire un moyen d'expression unique, au service de votre voix tout aussi unique.
Les conseils qui suivent vont vous aider à mieux vous approprier cette discipline jusqu'à en faire un atout au service de votre marque personnelle. Les paroles s'envolent, les écrits restent : faisons-en vos dignes représentants.

S'inspirer des techniques journalistiques

Vous n'êtes ni journaliste ni blogueur·euse et pourtant! Adopter les techniques rédactionnelles de la presse permet de fluidifier ses écrits professionnels pour les rendre plus lisibles et plus efficaces. Découvrez les incontournables du métier:

- <u>Les 5 W + 1</u>

C'est la règle d'or de l'écriture journalistique, celle qui permet de cadrer toutes les dimensions d'un sujet:
En anglais: who, what, when, where, why and how.
En français: qui, quoi, quand, où, pourquoi et comment.
Un article ou un reportage de presse contient toujours les informations qui permettent de répondre à ces six questions.

Un principe applicable à tous vos contenus écrits, du simple mail à une annonce d'offre d'emploi en passant par la lettre de motivation. Alors, avant de transmettre ou de diffuser un texte, faites le test: répond-il bien aux questions soulevées par les 5 W + 1? Si ce n'est pas le cas, ajustez et/ou complétez.

- <u>Hiérarchiser l'information</u>

Les journalistes le savent bien, rares sont les lecteur·trice·s qui parcourent les articles en entier. C'est la raison pour laquelle ils ont recours à la technique de la « pyramide inversée » qui organise le contenu en s'assurant qu'on traite en priorité les éléments essentiels d'une information (les fameux 5 W). Ces données clés doivent apparaître dès le début du texte, avant de développer le propos selon un ordre d'intérêt décroissant.

Suivre cette même logique, c'est toujours débuter ses écrits professionnels par le message le plus important à transmettre, avant de rentrer dans des détails secondaires.

- **Un titre percutant**

Un titre doit toujours tenir sur une ligne (entre quatre et dix mots), et retenir l'attention du·de la lecteur·trice. Pour susciter son intérêt, le ton peut prendre une multitude de styles : informatif, incisif, interrogatif, drôle, figuratif...

Si vous avez besoin d'en rédiger un pour coiffer un texte, une présentation ou en objet d'un mail, restez concis·e, en misant sur des mots simples et courts de préférence.

- **Soigner l'attaque...**

Article de presse ou lettre de motivation, même combat : les premières lignes d'un texte sont le point d'entrée qui va donner envie de lire la suite ! Décisive, l'attaque doit captiver immédiatement le lectorat.

Livrer une anecdote, révéler de nouvelles informations ou de nouveaux chiffres, démarrer par une citation choc sont autant de techniques qui vont vous permettre d'attiser la curiosité de ceux qui vous lisent et de les faire plonger dans votre texte.

- **... et la chute**

Avec un effet de miroir, les dernières lignes qui clôturent un article répondent à la question ou l'information essentielle donnée dans l'accroche. Souvent la chute est également l'occasion d'élargir sa réflexion en ouvrant sur un autre sujet.

Dramatique, humoristique, moralisant, optimiste… Une grande variété de ton est alors possible et permet de laisser une impression générale au·à la lecteur·trice.

Réfléchissez bien à l'empreinte que vous souhaitez laisser lorsque vous rédigez la conclusion de vos textes. Dans un contexte professionnel, l'usage le plus répandu est de terminer ses écrits par un « call to action » (appel à l'action en français) qui incite votre destinataire ou lecteur·trice à répondre, poser une question ou engager une prise de contact.

- **Un style efficace**

Quelques règles simples pour écrire juste et clair, tel·le un·e journaliste :

LES DO :

• Écrire pour être compris de tous.

Utilisez un vocabulaire accessible et concret en évitant le jargon et les expressions complexes.

• Un vocabulaire simple mais riche.

Remplacez les trois verbes les plus courants de la langue : être, avoir, faire, par des verbes précis. Exemple : Faire un discours → prononcer un discours. Choisissez des adjectifs détaillés, évocateurs, colorés.

• Privilégier la forme active plutôt que passive.

Exemple :
Voix passive → Plusieurs projets sont supervisés par la directrice.
Voix active → La directrice supervise plusieurs projets.
Avec la voix active, le sujet ne subit pas l'action. Elle est plus directe, efficace.

LES DON'T :

• Éviter les répétitions.

Vocabulaire, adjectifs, tournure de phrases… attention aux redondances. Cherchez des synonymes et dynamisez vos contenus en créant des ruptures dans l'écriture.

• Proscrire les phrases trop longues.

Coupez, réduisez, allez à l'essentiel : supprimez tous les mots superflus.

• Faire la chasse aux adverbes !

Sans tous les supprimer, renoncez à ceux qui alourdissent vos phrases.

Trouver son style, ses mots

Connaître et appliquer les bonnes pratiques des professionnels de l'écriture est une première étape, la deuxième est d'affirmer votre plume et trouver votre ton. Et pour cela, il n'y a que deux choses à faire : **lire et écrire beaucoup**. Romans, essais, BD, articles de presse, de blog ou issus des réseaux sociaux… Lisez tout ce qui est susceptible de vous inspirer, d'enrichir votre style et votre vocabulaire. Et surtout écrivez ! Un peu tous les jours, peu importe le format, l'important étant de s'entraîner. C'est la seule façon de se perfectionner, de repérer ses erreurs, d'améliorer ses tournures de phrases. Surtout n'essayez pas de copier le style d'écriture d'une autre personne. Le style ne s'apprend pas, il se travaille : cherchez à exprimer le vôtre. Plus on s'exerce, plus l'écriture coule naturellement, et elle est à chacun·e.

Il en va de même pour le vocabulaire. Couchez sur papier les mots qui vous viennent naturellement à l'esprit sans les travestir. **Employer un vocabulaire complexe pour essayer d'impressionner son lectorat est une mauvaise idée :** votre écriture doit avant tout sonner juste. Pour la multi-entrepreneure Aude Fraïoli Marçal, l'enjeu est de réussir à exprimer qui l'on est vraiment, sans fard ni faux-semblant : « Moi par exemple, je m'exprime dans un langage familier, et je ne m'en cache pas, y compris dans le contexte professionnel. En fait, il fait partie de ma marque personnelle. De toute façon, une collaboration fructueuse passe par un bon feeling. Quelque part, c'est une façon de vérifier que les gens avec qui vous travaillez sont suffisamment ouverts d'esprit pour accepter votre façon d'être. » À vous de trouver vos propres codes d'expression, ceux qui vous correspondent et avec lesquels vous êtes à l'aise.

le +

😍 😘 ❤️ 😂

au travail aussi?

Devenus incontournables dans notre communication digitale, les émojis ont gagné la sphère professionnelle. Terriblement efficace pour pallier les failles d'un échange à distance, cet alphabet pictural donne des indications de contexte nécessaires à la bonne compréhension d'un texte. Ils réduisent les effets du « biais de négativité » qui conduit naturellement les individus à interpréter un message écrit de façon plus négative que son auteur·trice ne l'aurait souhaité. Un outil qui améliorerait les relations entre collègues, comme le révèle l'enquête sur les tendances Emoji d'Adobe menée en 2019 auprès des utilisateurs d'émojis :

• 78 % estiment que les émojis influencent positivement les affinités entre professionnel·le·s.

• 74 % déclarent que les émojis rendent les informations ou retours positifs plus sincères.

• 53 % pensent qu'ils rendent les informations ou retours négatifs plus faciles à accepter.

Donner le ton, adoucir les relations, combler un vide, transmettre une émotion, écrire plus vite... Les bonnes raisons d'user des émojis au travail ne manquent pas, tant que les codes du milieu professionnel dans lequel on évolue le permettent. Reste encore à les doser (non, les smileys ne marchent pas par lot de cinq !), et à les adapter au contexte (petite pensée à tous les émojis « cœur » partis trop tôt dans un mail destiné à son juriste/prospect/patron/avocat... oups).

Un champs lexical pour parler de soi

Avez-vous déjà remarqué comment certaines expressions, certains mots, résonnent plus fort en nous ? Comment, à missions égales, on va être plus attiré·e par une offre d'emploi que par une autre ? Comme si elle avait été écrite pour nous… C'est là toute l'influence qu'exerce le langage sur notre perception des messages. Lorsque l'on parle de soi ou de son travail, c'est la même chose : certaines expressions vont davantage nous plaire à l'oreille quand d'autres n'évoqueront rien. Partant de ce constat, la psychologue et coach Cécile Pichon invite chacun·e à partir à la conquête de ces précieux mots, ceux qui nous représentent le plus justement possible.

Pour définir votre champ lexical :

- Rassemblez dans un seul document tout ce que vous avez déjà écrit pour parler de vous et de votre travail : CV, lettres de motivation, biographie LinkedIn…

- À partir de cette compilation de textes, soulignez les expressions et les groupes de mots qui vous touchent le plus, ceux que vous pouvez employer avec aisance. Par exemple, pour un·e coach, ça peut être « dessiner les trajectoires personnelles », pour un·e journaliste, le verbe « explorer » ou l'expression « accoucher de nouvelles idées ». Si vous ne disposez pas de suffisamment de matière dans vos écrits ou qu'ils ne vous conviennent pas, n'hésitez pas à regarder les profils, les sites, les CV des personnes aux parcours similaires au vôtre pour vous inspirer et retenir les formules qui vous plaisent.

- **Établissez une liste de ces expressions.** Vous pourrez vous appuyer dessus au moment de rédiger vos contenus. Surtout, ne gardez que celles que vous pouvez vous approprier facilement.

- Enfin, **adaptez votre discours en fonction du contexte.** Au moment de rédiger vos textes, prenez toujours en compte ceux à qui ils s'adressent. Par exemple, écrire en accroche d'une lettre de motivation « toujours à la recherche des innovations qui changent la face du monde » pourra faire mouche auprès d'un·e recruteur·euse mais tomber à plat auprès d'un public plus large. Ajustez votre lexique quand c'est nécessaire.

Cette boîte à outils est d'un grand secours pour se sentir à l'aise dans toutes les situations, selon notre experte : « Une fois qu'on a identifié ne serait-ce que deux ou trois expressions phares pour parler de soi, on arrive ensuite beaucoup plus facilement à sortir le bon discours au bon moment à l'écrit comme à l'oral. »

LE CV

LES DO :

1. Simple, basique

Pour se démarquer, il vaut mieux faire dans l'originalité ? Faux ! Si vous n'êtes ni designer, ni graphiste, misez sur une structure simple, claire et aérée. Les RH vous remercieront.

2. Mettre en avant des actions et des résultats

Lister les missions dont vous étiez en charge dans vos précédents jobs, c'est bien. Apporter la preuve que vous avez assuré (avec des chiffres !), c'est mieux.

3. Ajouter une rubrique « compétences »

Vos aptitudes... comme vos soft skills ! Inutile de présenter une liste longue comme le bras, sélectionnez celles qui vous représentent le plus et qui sont utiles pour le poste.

4. Insérer des mots-clés

Draguer les algorithmes qui trient les CV impacte votre visibilité et vous positionne comme expert·e aux yeux des recruteur·trice·s ! C'est tout bénef'.

5. Ajouter une section « Intérêts »

Exit le classique : cinéma, musique et sport, donnez des informations spécifiques aux recruteur·euse·s pour qu'ils saisissent votre personnalité à travers vos goûts.

6. Privilégier la première partie

Un·e recruteur·trice·s lit de haut en bas et de droite à gauche. Soignez particulièrement la première moitié du document : c'est celle qui retiendra le plus son attention !

LES DON'T :

1. Choisir une police trop « fun »

Comic Sans MS a le pouvoir de vous enlever toute crédibilité. Rien que ça.

2. Ne pas adapter le contenu au poste

Un CV par candidature, c'est la base. Même si c'est chronophage. Orientez vos descriptions pour montrer votre valeur ajoutée sur les compétences requises pour le job.

3. En faire trop

Même si vous avez fait plein de choses merveilleuses durant votre vie, faites un travail de synthèse (idéalement sur une page) pour mettre en évidence l'essentiel.

4. Un titre vague

Oublier de préciser l'objet de votre candidature via un titre clair en accord avec le poste convoité, en mettre trop ou être approximatif peut traduire un véritable manque de motivation.

5. Mentir ou exagérer ses compétences

Mentir sur le CV ? Jamais ! Mais en rajouter un peu, allez, un tout petit peu… C'est tentant mais dangereux. Quand la vérité éclate (c'est souvent le cas), toutes vos chances sont anéanties.

6. « CV_version 3.docx » : Ne pas prêter attention au format et au nom du document

Un « CV_Sophie_version3 » ou « Sans nom.docx » aura plus de chances de se perdre qu'un « CV-Sophie-Durand-Responsable-Communication ». Au format PDF, bien sûr.

LE MAIL / LA LETTRE DE MOTIVATION

LES DO :

1. Miser sur la première phrase pour marquer les esprits

Pour faire une bonne première impression, évitez de tourner autour du pot, bannissez les phrases désespérées, mais n'ayez pas l'air trop sûr(e) de vous non plus... Un juste équilibre à trouver.

2. Sourire à travers les mots

Soyez positif et montrez votre enthousiasme ! Si vous trouvez l'écriture de cette lettre ennuyante, cela se ressentira, mettez-y du cœur.

3. Structurer vos propos en 3-4 paragraphes, sur une page maximum

La recette gagnante : une introduction mettant en avant les points saillants de votre profil, un second paragraphe pour développer vos motivations et un texte de conclusion relevant la pertinence de cette future collaboration.

4. Un appel à l'action explicite

Terminez votre lettre/mail de motivation par une formule engageante. Elle doit donner envie au recruteur·euse de vous contacter !

LES DON'T :

1. Les tournures longues ou alambiquées, le participe présent…

La meilleure lettre de motiv' n'est pas forcément la plus littéraire ou originale : restez simple. Préférez les phrases directes pour interpeller le·a recruteur·euse qui vous lira !

2. Être impersonnel

Adressez toujours votre lettre de motivation au recruteur·euse/manager concerné·e en le·a nommant (Google est votre ami). Et personnalisez-en le contenu en réutilisant les mots clés de l'offre.

3. Dire à l'entreprise ce qu'elle sait déjà

Les paragraphes entiers dans lesquels vous racontez à l'entreprise ce qu'elle fait… c'est niet ! Montrez que vous avez compris son projet avec vos mots et expliquez pourquoi vous y adhérez.

4. Ne pas donner d'exemples concrets

Se contenter d'énumérer un ensemble de compétences que vous « dites » posséder ne permettra pas de convaincre un recruteur à 100 %, ni de graver votre candidature dans sa mémoire.

5. Les modèles copiés-collés, les formules bateaux

S'inspirer d'exemples trouvés sur Internet, demander à un ami·e sa dernière lettre de motiv'… En voulant assurer vos arrières, vous vous noyez dans la masse.

Se (faire) relire

Journaliste·s et écrivain·e·s le savent bien, faire reposer son texte est essentiel. Selon le temps dont on dispose, cela peut être une heure ou une journée, tant qu'on évite de diffuser ses écrits « à chaud ». S'offrir le luxe d'une deuxième lecture permet de repérer les erreurs, imprécisions et autres tournures de phrases malheureuses. Surtout, relisez à voix haute : cela permet d'identifier les passages où l'on bute, les mots qui sonnent mal ou les formulations vagues.

Au-delà de la forme, il faut aussi relire le fond. L'auteure Vanessa Caffin recommande de se mettre à la place de son·a futur·e lecteur·trice : « À chaque fois qu'on découvre un nouveau texte, des pensées et des interrogations émergent dans l'esprit de celui ou celle qui lit. Demandez-vous quelles questions il·elle pourrait se poser ? Parfois ça se joue sur une micro-seconde, un mot mal employé, un mauvais exemple... autant de freins qui peuvent créer un blocage et le·a faire décrocher. » Avec un regard neuf, passez en revue tout ce qui pourrait générer des points d'échappement puis reformulez vocabulaire, pensée et argumentation pour les clarifier ou les améliorer.

Vous manquez de recul ? Rien de plus normal. Pour pallier cet écueil, l'auteure suggère de faire relire ses écrits par une personne extérieure : « Sollicitez des personnes objectives qui seront en mesure de prendre de la hauteur. Et cadrer votre demande en leur indiquant une grille de lecture. » Par exemple, demandez à votre relecteur·trice de vérifier que le jargon utilisé est bien compréhensible, ou de vérifier que vos arguments sont bien en place, ou encore s'il·elle ressent une émotion, etc. C'est la condition pour obtenir des retours pertinents avec une réelle valeur ajoutée.

10 expressions inutiles qui plombent notre image pro

Par **Lucile Quillet**, journaliste, autrice du livre *Libre de prendre le pouvoir sur ma carrière, guide de coaching professionnel pour les femmes qui veulent se réaliser au travail* et experte du Lab, la communauté d'expert·e·s de Welcome to the Jungle.

Ce sont de tout petits mots, qui peuvent avoir de grandes conséquences à force d'être utilisés régulièrement. On les glisse machinalement tout au long de la journée en pensant qu'ils lubrifient notre propos pour paraître humble, reconnaissant·e, inoffensif·ve, poli·e... Pourtant, il n'y a pas besoin de se cacher derrière des formules minimisantes ni de s'écraser pour valoriser son interlocuteur·trice, bien au contraire (syndrome de l'imposteur, sors de ce corps!) Sans surjouer la confiance en soi, veillez à ne plus vous présenter comme un paillasson sur lequel on peut s'essuyer car ces mots traduisent aussi la façon dont vous vous percevez dans le monde professionnel. En parlant différemment aux autres, c'est avant tout vous-même que vous considérez autrement.

DANS LA CATÉGORIE

« MANQUE DE CONFIANCE »

« JE NE TE PRENDRAI QUE DEUX MINUTES »

- **Ce que l'on veut dire par là :** « Je te dérange de façon impromptue mais ce ne sera pas long. »

- **Ce que les autres entendent :** « Pardon, je ronge de ton temps si précieux, c'est ma faute, je suis un boulet, mais je n'ai pas le choix, sois clément·e. »

- **On peut remplacer par :** « Je te prends deux minutes », tout simplement : annoncez vos besoins comme nécessaires et professionnels. Votre temps est aussi important que celui de votre interlocuteur. Si vous ne l'énoncez pas comme un problème, ça ne le sera pas. Après tout, tout le monde se dérange tout le temps : ça s'appelle travailler de façon collective (et ce n'est pas la fin du monde).

« JE SERAIS PLUS QUE RAVIE DE POUVOIR ÉCHANGER AVEC VOUS »

- **Ce que l'on veut dire par là :** « J'ai très envie de vous rencontrer et poursuivre cet échange, je suis sûre que cela sera fructueux. »

- **Ce que les autres entendent :** « Ce serait vraiment super sympa de votre part de m'accorder un peu de temps, je suis toute disponible pour me caler dans le moindre interstice de votre emploi du temps. »

- **On peut remplacer par :** le bénéfice réciproque. « Nous avons beaucoup de choses à nous dire », « je suis certaine que nous gagnerions à nous rencontrer ».

« PARDON »

• **Ce que l'on veut dire par là :** « Je n'ai pas assuré, je suis désolé·e, excuse-moi. »

• **Ce que les autres entendent :** « Pardon, absous-moi de mes fautes, Ô grand(e) maître(sse), sans quoi j'errerai et brûlerai dans les abysses en attendant ta clémence... » Non, vraiment, « pardon », c'est beaucoup trop fort.

• **On peut remplacer par :** des excuses plus légères et moins graves. « Je suis vraiment désolé·e », « excuse-moi ». Ok, vous avez fait une erreur, mais pas besoin de faire racheter votre âme non plus.

DANS LA CATÉGORIE « PASSIVITÉ »

« CETTE EXPÉRIENCE M'A PERMIS », OU SA VARIANTE « J'AI PU APPRENDRE... »

• **Ce que l'on veut dire par là :** « Voici le contexte dans lequel j'ai progressé. »

• **Ce que les autres entendent :** « J'ai été nourrie par des éléments extérieurs à ma volonté, mon parcours m'a fait, je n'ai pas fait mon parcours. »

• **On peut remplacer par :** la première personne du singulier et un verbe d'action, pas de permission. « J'ai appris », « à travers cette expérience, j'ai compris que... »

« J'AI EU DE LA CHANCE... »

• **Ce que l'on veut dire par là :** on loue sa bonne étoile d'avoir placé sur notre route le bon job, le bon employeur, la bonne rencontre au bon moment. On fait preuve de modestie face au destin qui abat les cartes selon sa propre logique.

• **Ce que les autres entendent :** « Je dois ce que j'ai/ce que je suis au hasard, je ne suis pas méritant·e, je n'ai pas réseauté, ni travaillé, ni tenu bon pour en arriver là : c'est arrivé tout cuit. » En vrai, tout le monde a plus ou moins de la chance à un moment (sauf que tous ne le rappellent pas à chaque fois).

• **On peut remplacer par :** la joie. « Je suis vraiment contente d'avoir rencontré Machin Machin à ce moment-là de ma carrière », « j'ai alors obtenu ce poste, qui a comblé mes attentes ».

DANS LA CATÉGORIE « MINIMISATION »

« C'ÉTAIT SURTOUT UN TRAVAIL D'ÉQUIPE »

• **Ce que l'on veut dire par là :** « C'est gentil, mais je n'ai pas tout fait tout·e seul·e, ça m'a fait plaisir de travailler avec ces gens, ne me donnez pas tout le crédit. »

• **Ce que les autres entendent :** « Je n'y suis pas pour grand-chose, vous m'honorez trop, arrêtez de me regarder et de parler de moi, les autres méritent plus. »

• **On peut remplacer par :** un générique de fin. Si vous voulez rendre à César ce qui lui revient, très bien, mais ne vous rayez pas des crédits pour autant : « Merci, je suis très satisfait·e, nous avons fait une bonne équipe avec Trucmuche, qui a été impressionnant·e sur tout l'aspect logistique. »

« J'AI FAIT UNE PETITE PRÉSENTATION », « J'AI FAIT UN PETIT POINT »

• **Ce que l'on veut dire par là :** « J'ai fait ça rapidement avec aisance et spontanéité, tout comme je vais t'en parler. »

• **Ce que les autres entendent :** « J'ai fait ça, mais ça ne vaut pas grand-chose, ne croyez pas que c'est incroyable ou parfait, ça aurait même pu être mieux. »

• **On peut remplacer :** en supprimant le « petit ». D'un coup, tout a plus de prestance et de sérieux, tel que votre travail mérite d'être considéré.

« MERCI, MAIS CE N'ÉTAIT PAS GRAND-CHOSE »

• **Ce que l'on veut dire par là :** « Merci, ça n'était pas douloureux, ça m'a fait plaisir. »

• **Ce que les autres entendent :** « Merci, mais vous avez tort et vous vous trompez, arrêtez de me complimenter. »

• **On peut remplacer par :** un silence après un « merci » et un sourire. Ou tirer le fil pour raconter les coulisses : « J'ai beaucoup appris sur ce projet », « cela me tenait à cœur », « cela me donne de l'énergie pour la suite ».

LA PRISE DE PAROLE

Prendre la parole, c'est se présenter au monde pour exprimer ce qu'on a à dire. Une démarche particulièrement intimidante tant restituer sa pensée oralement donne le sentiment de se mettre à nu. Avec comme toujours une inhibition plus ou moins prononcée selon sa personnalité et ses expériences passées (poke la scolarité et son lot d'exposés et d'oraux traumatisants). Au travail, le défi est de s'adresser aux autres pour transmettre ses messages avec conviction, aussi bien face à une seule personne qu'au sein d'un petit groupe en réunion que devant un large auditoire à l'occasion d'une conférence.

Mais prendre la parole c'est bien plus encore : il s'agit de faire entendre sa voix. Celle que l'on incarne profondément et qui est bien sûr un élément clef de notre marque personnelle. Pas besoin de déborder de confiance en soi pour y arriver, il suffit de travailler sur les bons leviers (respiration, posture, gestuelle...). Parce qu'on ne naît pas bon·ne orateur·trice, on le devient : découvrez les exercices et les conseils des spécialistes de l'éloquence pour gagner en aisance et en plaisir lors de vos futures prises de parole.

La voix

Grave, stridente, rocailleuse mais aussi la tessiture, le débit... Chaque voix est une combinaison unique d'une multitude de caractéristiques qui font partie de notre identité. Parfois, on n'aime pas sa voix et cela nous freine dans nos prises de parole. La coach en éloquence Martine Guillaud invite à se libérer de ce sentiment négatif : « On peut être un·e orateur·rice aussi impactant·e avec une voix forte que fluette. Ce qui compte c'est la qualité vocale avec laquelle on s'exprime. »

L'auteure de *Vous allez adorez prendre la parole* (2021) nous propose quatre exercices pour mieux apprivoiser et maîtriser sa voix pour mieux s'en servir et prendre sa place :

EXERCICE

Améliorer sa respiration

Une bonne respiration permet de mieux oxygéner votre cerveau, ce qui va fluidifier votre pensée et empêcher vos idées de s'entrechoquer. Surtout, la voix est intimement liée au diaphragme (le muscle inspiratoire situé sous les poumons) et nécessite de s'entraîner à une respiration active et profonde.

• Débout, ancrez-vous bien dans le sol en imaginant un fil imaginaire au-dessus de votre tête qui vient étirer votre cage thoracique.

• Concentrez-vous sur les trois types de respiration : ventrale, thoracique et dorsale. Pour vous aider à les ressentir, placez les mains sur chaque partie du corps sollicitée quand vous respirez afin de bien prendre conscience du placement de l'air.

• Gonflez d'abord le ventre à l'inspiration, et à l'expiration, videz l'air comme si vous étiez un ballon de baudruche.

- Renouvelez cet exercice avec le thorax (il se gonfle au niveau des poumons), puis avec la respiration dorsale (ce sont les côtes qui s'écartent et se resserrent).

Une respiration complète (ventrale, thoracique et dorsale) et régulière, empêche d'être en apnée : c'est le socle de toute élocution réussie. Pendant vos prises de parole, faites des pauses pour solliciter votre outil respiratoire et faire onduler votre débit.

EXERCICE

Projeter sa voix

L'exercice qui suit vise à faire porter sa voix plus loin pour lui donner plus d'intensité et donc s'assurer d'être bien entendu·e par nos interlocuteur·trice·s.

Placez-vous face au mur, imaginez un décor, loin devant, au-delà du mur ou de la cloison qui se dresse derrière votre interlocuteur ou votre public : de belles montagnes ensoleillées où gambadent des chamois et se prélassent quelques marmottes… Au plus haut de ces sommets, se trouve le ou la bien-aimé(e) qu'il va falloir appeler en lançant un « hé oh ! ».

Toute la difficulté de l'exercice est de porter sa voix sans forcer sur les cordes vocales, de donner l'impulsion de l'air et du son à partir du bas-ventre.

- Premier test : projetez votre voix seule pour interpeller cette personne. En criant ainsi, prenez conscience du trajet du son dans votre corps et que la puissance sonore qui s'en dégage est correctement timbrée, ronde et un peu plus aiguë que lorsque vous parlez habituellement.

- Deuxième étape : en plus de la voix, ajoutez un mouvement d'appel du bras et de la main qui va s'agiter de droite à gauche, comme si vous souhaitiez attirer l'attention d'une personne au sommet d'une montagne éloignée.

- Et enfin, on ajoute le pied, qui fait un pas vers l'avant, en renfort de la voix et du mouvement de bras.

La synchronisation des trois paramètres permet au corps de faire voyager la voix. La mise en mouvement et la vibration qui en découlent donnent un élan puissant : oui, tout le monde peut projeter sa voix avec panache !

EXERCICE

Soigner sa diction

Tout d'abord, travaillez l'agilité des muscles des lèvres, particulièrement utiles pour la diction grâce à la régulation de l'air :

• Jambes pliées, les mains sur les genoux, le buste légèrement penché en avant, la tête dans le prolongement du corps, faire sortir l'air de sa bouche comme un cheval qui s'ébroue donne immédiatement de la fluidité au son qui s'échappe. Un exercice pas très élégant, mais d'une grande efficacité !

Ensuite, pour faire crépiter le son, « mastiquez » quelques exercices de diction, afin de muscler les lèvres et en améliorer l'articulation :

• Choisir une phrase spécifique à cet effet, telle que :

« Petit pot de beurre, quand te dé-petit-pot-de-beurreriseras-tu ? Je me dé-petit-pot-de-beurreriserai quand tous les petits pots de beurre se dé-petit-pot-de-beurreriseront ! »

ou « Dis-moi gros gras grand grain d'orge, quand te dé-gros-gras-grand-grain-d'orgeras-tu ? Je me dé-gros-gras-grand-grain-d'orgerai, quand tous les gros gras grands grains d'orge se seront dé-gros-gras-grand-grain-d'orgés. »

en commençant par la répéter plusieurs fois à voix haute, sur un rythme lent, pendant toute la durée de l'expiration, en prenant soin de bien articuler.

• Une fois que la phrase est « en bouche » et prononcée distinctement, il faudra accélérer le débit, de plus en plus rapidement, en veillant à garder une respiration active, haute, au-dessus du diaphragme.

Lorsqu'on se sent à l'aise avec cette phrase, y ajouter un soupçon de sourire apportera à la voix une brillance qui améliorera encore sa portée.

EXERCICE 4

Maîtriser son élocution

Comprendre son mode d'emploi oratoire (qui est unique) est une révélation qui ouvre le champ des possibles. Respiration, débit, intonations... une fois qu'on se rend compte de nos automatismes, on va pouvoir les modifier et trouver de nouvelles manières de s'exprimer, une quête passionnante !

• Travaillez à partir d'un texte, lisez d'abord à voix basse, pour le découvrir, et imaginez comment l'interpréter ensuite selon différentes approches : en modifiant le rythme, les intentions ou en variant l'humeur. Puis, à l'aide d'un dictaphone (disponible sur tous les smartphones), enregistrez une première version de sa lecture, sans variations, sur un ton neutre, à un rythme naturel et tranquille.

• Après avoir écouté ce premier test, constatez et essayez d'apprécier votre voix. C'est assez fréquent de ne pas aimer sa propre voix quand on l'écoute pour la première fois ou qu'on l'entend rarement ; mais on s'y habitue.
En découvrant votre voix ainsi enregistrée, neutre, dans son medium, avec un timbre adapté qui fluctue correctement entre graves et aigus, vous allez pouvoir l'apprivoiser.

• Au fil des enregistrements, essayez différentes versions et variez les rythmes (du ralenti à l'accéléré) : vous pourrez constater l'étendue de vos possibilités.
Vous comprendrez qu'en modifiant le débit, en étant moins volontaire, percutant·e ou agressif·ve, ce que vous dites sera mieux entendu et plus agréable pour les autres, autant que pour vous.

• La suite de l'exercice associe la lecture à la posture : lisez le texte en marchant, à voix basse, comme si vous racontiez cette histoire à vous-même. Mettre le corps en mouvement libère l'esprit et fluidifie naturellement la parole. Vous aurez alors plus d'assurance.

• Pour corser l'exercice, mettez un bras en l'air, afin de dégager le diaphragme et de laisser la cage thoracique en posture haute pour que la voix se place dans sa juste tonalité.

Concentrez-vous sur votre posture et prenez conscience que sans être trop engagé·e, votre interprétation deviendra juste et simple, et que vous éprouverez même du plaisir à vous exprimer. C'est bien là tout le bénéfice de cet exercice.

Même à l'issue de ces exercices, votre diction et votre respiration ne sont pas parfaites ? Pas de panique, ce n'est pas le plus important selon l'experte en prise de parole Martine Guillaud, pour qui : « un·e bon·ne orateur·trice est avant tout un·e orateur·trice authentique qui va parler naturel, parler vrai. » Plus qu'une diction irréprochable, elle recommande d'être bouillonnant·e, ému·e par ce qu'on raconte, comme si c'était la première fois qu'on délivrait son message.

le +

«j'avoue», «genre», «c'est clair», «grave»… ces tics verbaux addictifs.

Il suffit de tendre une oreille attentive ou de s'amuser à les compter pendant une conversation pour se rendre compte à quel point ces mots et expressions ont envahi nos prises de parole. Nous utilisons ces béquilles linguistiques car elles nous rassurent et nous donnent l'impression de structurer notre discours oral. Certaines sont même un marqueur de reconnaissance générationnelle (chaque génération a ses tics préférés). Rien de grave en soit, si ce n'est qu'utilisées à outrance, ces locutions peuvent être perçues comme un signe de paresse et appauvrissent notre vocabulaire. La solution ? Sans toutes les éradiquer, on peut commencer par les identifier puis en supprimer certaines ou utiliser des synonymes. Par exemple, on peut troquer un «voilà» en fin de phrase par un simple silence, tout comme on peut remplacer le très répandu «du coup» par «donc».

Zoom sur le pouvoir du silence

S'accorder des moments de silence dans une élocution, c'est faire la démonstration de notre maîtrise du temps. Les plus grand·e·s orateur·trice·s savent d'ailleurs bien exploiter le silence pour renforcer leur discours et se rendre plus convaincant·e·s.

Le silence est un allié de taille pour mener à bien ses conversations professionnelles, comme le suggère Lucile Quillet, journaliste spécialiste du travail et experte du Lab, la communauté d'expert·e·s de Welcome to the Jungle : « quand un flot de paroles ininterrompu trahit un manque de confiance, le silence au contraire est une arme redoutable pour gagner en stature. »

Elle en mesure ainsi tout le pouvoir : « Le silence souligne l'importance de la phrase précédente et assoit la gravité de la suivante. Il est la parure valorisante dans laquelle enrober son discours, bref la meilleure ponctuation à utiliser dans le milieu pro. C'est que le silence montre que l'on ne craint pas le rapport à l'autre mais surtout, que l'on assume ce qu'on a dit et qu'on ne reviendra pas dessus. En fait, le silence donne le bâton de la parole à l'autre. Il signifie “je ne vais pas faire tout le boulot quand même, à toi un peu” ou “je t'écoute, vas-y”. Se taire, c'est confronter l'autre, le faire douter, lui intimer de se justifier. C'est ainsi qu'en pleine négociation, avec ses silences, votre chef(fe) vous laisse vous diriger, seule, vers le plan B voire C qui l'arrange lui/elle. Car celui qui répond par un silence dit à l'autre “mais encore ? Je ne suis pas convaincu là...” Gimme more, en somme. Au jeu du roi du silence, le premier qui cède et reparle a perdu. »

le +

«Blanc» embarrassant pendant un entretien d'embauche: comment rebondir?

Est-ce au·à la recruteur·trice de reprendre ou à vous? Est-ce une stratégie pour vous tester? Lorsque le blanc suit votre réponse à une question, c'est peut-être simplement le signe que votre interlocuteur·trice réfléchi·e à ce que vous venez d'expliquer. Si le silence se poursuit, l'experte en prise de parole Margaux Lefebvre recommande de jouer la carte de l'humour «Souligner ce blanc crée une connivence qui permet de reprendre l'entretien avec légèreté». Un conseil à appliquer uniquement si votre interlocuteur·trice vous semble suffisamment réceptif·ve. Si c'est vous qui êtes bloqué·e face à une colle, l'experte recommande de le dire ouvertement, preuve de votre maturité: «L'humour et la sincérité sont les meilleures armes pour créer de l'empathie. Quoi qu'il arrive, assumer le fait de ne pas avoir la réponse à toutes les questions est rarement préjudiciable.»

Le langage non verbal

Lors d'un rendez-vous professionnel, le·a client·e est avachi·e sur sa chaise, regarde sa montre et ne vous regarde pas dans les yeux ? Hum... Sans prononcer aucun mot, vous recevez clairement son message : il·elle n'est pas intéressé·e ! Notre corps communique plus fortement que notre parole si l'on se base sur la « règle des 3V », issue des études du professeur Albert Mehrabian publiées en 1967, qui évalue que :

- Seule 7% de la communication est verbale (le sens des mots).
- 38 % de cette même communication est vocale (l'intonation et le son de la voix).
- 55 % est visuelle (l'expression du visage et le langage corporel).

Ce serait donc 93 % d'une communication qui serait non verbal !

Pour que ce deuxième langage vous aide à véhiculer les bons messages, la coach Martine Guillaud, également actrice au théâtre, émet les recommandations suivantes :

• <u>La posture :</u>

Si vous vous exprimez debout, ancrez-vous bien dans le sol en dégageant votre cage thoracique et en adoptant un portée de tête digne d'Audrey Hepburn. Une posture qui illustre la confiance en soi et donne envie aux autres de vous écouter.

Si vous êtes assis·se, tenez-vous droit·e un peu à l'avant de votre chaise pour montrer que vous êtes bien présent·e et actif·ve dans la conversation. Évitez de croiser les jambes et les bras qui dénotent une attitude fermée.

• <u>**Le regard :**</u>

Lors d'un échange, regardez régulièrement votre interlocuteur·trice dans les yeux (sans être trop insistant·e pour ne pas l'intimider). Beaucoup d'émotions s'expriment par le regard, ce contact visuel permet de les transmettre à l'autre et de créer une connexion. Parfois, un simple regard suffit pour répondre à une question ! Au contraire, un regard dirigé vers le sol ou fuyant, donne une impression de malaise, de fuite et d'anxiété.

• <u>**Le sourire :**</u>

Bienveillance, gentillesse, ouverture... Sourire réconforte et rassure vos interlocuteur·trice·s et augmente votre sentiment de bien-être.
En illuminant votre visage, il vous rend aussi plus beau·belle et plus serein·e. Mieux, sourire allume une petite lumière intérieure qui s'entend jusque dans votre voix !

• <u>**La gestuelle :**</u>

Nos gestes sont toujours interprétés par notre interlocuteur·trice. Nos mouvements reflètent notre état d'esprit : anxieux·se, détendu·e, hostile, ouvert·e, etc. Autant de signes que l'on envoie qui peuvent faire capoter une négociation, un entretien voire discréditer une présentation. Passer sa main dans ses cheveux, se frotter le nez, la bouche ou le menton sont autant d'éléments qui peuvent trahir un mensonge ou une grande anxiété. Mais alors, que faire de ces bras ? La coach suggère de laisser un bras le long du corps, et d'utiliser l'autre pour faire des mouvements d'accompagnement de son texte. Puis d'échanger : quand le premier descend, le deuxième prend sa place. Les mouvements amples, maîtrisés et lents sont des signes de confiance en soi et d'aise.

Enfin, il s'agit d'incarner le message que l'on porte en prenant en compte sa personnalité. Ainsi, avant de s'exprimer, l'experte suggère de s'interroger sur son humeur. Quelle énergie a t-on envie de véhiculer ? Une astuce qui lui vient du théâtre est d'utiliser la méthode du «potentiomètre». C'est comme un variateur imaginaire, que l'on va actionner dans un sens ou dans l'autre pour donner des couleurs différentes à notre façon de parler : en faire un peu plus, un peu moins, ajouter un sourire, de l'intensité, une blague... Le plus important étant de montrer son envie d'être là, face à l'autre.

Combattre le trac

S'il y a bien un langage corporel qui nous trahit et dont on se passerait bien, ce sont les manifestations du stress : jambes qui tremblent, rougeurs, accélération du rythme cardiaque... Pour chasser son trac, la coach en éloquence Martine Guillaud propose de s'accorder quelques minutes avant chaque élocution :

- Installez-vous confortablement dans un endroit calme. Fermez les yeux, essayez de faire le vide et laissez s'envoler toutes les idées qui pourraient vous freiner.

- Grâce à des inspirations profondes et lentes, faites redescendre la pression qui commence à poindre. Et visualisez-vous en train de réussir ces premières secondes d'attaque de votre prise de parole.

- Une fois bien détendu·e, inscrivez-vous dans l'instant présent, dans le « ici et maintenant ». Puis, faites des étirements pour réveiller votre corps et opérer une mise en mouvement physique.

Instaurer un petit rituel avant chaque prise de parole aide à transformer votre stress en énergie positive et créative.

« Le stress, c'est aussi une question d'état d'esprit. En entretien d'embauche par exemple, n'oubliez jamais que, vous aussi, vous sélectionnez l'entreprise ! En l'ayant en tête, vous reprenez le pouvoir et soulagez votre trac, tout en vous garantissant une bien meilleure prestation orale. Sans compter que vous contribuez aussi à rééquilibrer le rapport de force global entre les candidats et les entreprises, ce qui n'est pas rien ! »

CÉCILE PICHON, PSYCHOLOGUE, COACH EN TRANSITIONS PROFESSIONNELLES ET EXPERTE DU LAB, LA COMMUNAUTÉ D'EXPERT·E·S DE WELCOME TO THE JUNGLE

Captiver un large auditoire

Un festival de musique, 35 000 fans attendent impatiemment le début d'un concert. En guide de première partie, une femme en boubou, petite et frêle, s'avance au centre de la grande scène pour promouvoir le travail de son association. D'abord, elle se tait. Elle croise quelques regards dans la foule et sourit. Puis, d'une voix lente et douce, elle raconte : « Imaginez un petit village en Afrique. Une mère tient son enfant dans les bras et pleure. Que ressentiriez-vous si... ? (...) Cette histoire est la mienne, une histoire comme des milliers d'autres... ». On entendrait une mouche voler. Elle sort de scène telle une rock star, sous un tonnerre d'applaudissements.

Comme elle, comment captiver, inspirer une large assemblée, qu'elle soit composée de dix, cent, ou mille personnes ? Bertrand Vinson, co-fondateur d'Ifoyaka et formateur en prise de parole en public, nous livre 6 conseils pour que la magie opère sur scène :

- <u>Commencer par se taire</u>

Un large auditoire impressionne le plus aguerri des orateur·trice·s. Apprivoiser cette peur prend quelques secondes, à une condition : la regarder en face. Cela peut sembler paradoxal, mais « la première chose à faire quand vous prenez la parole en public, c'est de vous taire », affirme Bertrand Vinson. Il recommande de prendre quelques secondes pour aller chercher le regard et le sourire de trois personnes dans l'assistance, stimuler et ressentir ainsi l'écoute du public, le positionner en partenaire.

- **Installer son rythme**

Le confort sur scène est avant tout une affaire de respiration. Pour trouver le calme et maîtriser son rythme, le spécialiste conseille de démarrer par trois ou quatre phrases courtes et de respirer entre celles-ci. Sa botte secrète pour se régler? Imaginer que l'auditoire est malentendant et qu'il lit sur les lèvres. Cela vous force à parler lentement, distinctement, à en dire peu à la fois pour capter l'attention. « Osez prendre votre temps pour retrouver votre sérénité et installer la relation. Vous pourrez alors vous concentrer non pas sur ce que vous dîtes, mais sur le confort et le plaisir d'écoute de votre auditoire ».

- **Occuper l'espace**

« Pour la regarder, poseriez-vous votre télé sur un rocking chair ou un rail? » interroge notre expert. Voir quelqu'un·e bouger non-stop sur scène est épuisant et pollue notre attention. Pour occuper l'espace... il convient de s'ancrer, de trouver la position la plus favorable pour habiter la scène et permettre à l'ensemble de l'auditoire de vous voir sans effort. « On peut rendre son intervention très vivante depuis un point fixe. »

- **Ne parler qu'à une personne à la fois**

Pour donner de l'impact à son propos et ne pas se perdre, l'expert en prise de parole suggère de s'adresser à une personne clairement identifiée au sein de la foule. À chaque respiration, changer de point d'appui, trouver un nouveau partenaire à gauche, au centre, à droite : chacun·e dans la salle se sentira concerné·e.

• <u>S'engager physiquement pour réduire la distance avec le public</u>

Pour Bertrand Vinson, « aucun auditoire ne consentira un effort d'écoute dans la durée ». L'attention du public est très fragile. C'est à l'orateur·trice de la soutenir.

Voici trois attitudes à adopter pour y contribuer :

- **« Impliquer » :** accompagnez votre discours d'un geste de la main en direction de votre auditoire. C'est ce que vous faîtes spontanément quand vous voulez obtenir l'écoute de l'autre et que vous lui dîtes « mais écoute ! »
- **« Soutenir » :** si l'écoute s'affaisse, imaginez que vous soulevez un objet depuis votre nombril jusqu'à votre sternum. Ce geste s'accompagne assez spontanément d'un haussement de la voix, d'un accent tonique. Littéralement, vous relevez l'attention.
- **« Ouvrir » :** face à un public réfractaire, fermé, ouvrez les bras. Vous le faîtes naturellement lorsque vous dites à quelqu'un·e « allez, ce n'est pas grave, détends-toi ! »

• <u>Mettre l'auditoire au centre de l'histoire</u>

Pour inspirer votre assemblée, elle doit se sentir impliquée et surtout, concernée. Élaborez votre récit autour des questions que celle-ci est supposée se poser sur le sujet abordé. Empruntez son prisme de lecture, parlez son langage, privilégiez le " VOUS" au "JE" et évoluez vers des "NOUS" pour créer une communauté de pensée avec elle.

Rappelez-vous qu'un public ressent avant de comprendre. L'intelligence, la pertinence ne garantissent nullement d'être inspirant·e et impactant·e. C'est de la relation avec votre auditoire que naîtra la magie. Communiquer, ce n'est pas faire passer des messages, c'est créer un lien.

le +

Bien s'exprimer en visioconférence

Les quatre astuces de la coach vocale Martine Guillaud pour dynamiser votre image virtuelle :

1. La bonne posture

Un peu à l'avant de votre chaise, asseyez-vous sur vos deux ischions (au bout de la colonne vertébrale) pour vous tenir bien droit·e.

2. Lumière

Misez sur une lumière naturelle, beaucoup plus flatteuse pour le teint, qui vous éclaire des deux côtés du visage si possible, pour bien faire apparaître vos yeux.

3. Regard caméra

Luttez contre l'envie de regarder la vignette qui reflète votre visage et dirigez votre regard vers la caméra pour vous adresser directement aux participant·e·s.

4. Gardez votre vignette vivante

Jouez sur les intonations de votre voix, souriez, mettez de l'émotion dans vos propos...bref, essayez de recréer les conditions d'une conversation en présentiel pour gagner en chaleur humaine !

L'APPARENCE

L'apparence est un sujet délicat qui soulève de nombreuses questions, à la fois intimes – le rapport à son corps, son image, la construction de son identité… – mais aussi sociales, tant cette dernière pèse dans nos intéractions avec les autres. Car on l'a vu, 55 % de notre communication non verbale est visuelle. Elle passe donc, entre autres, par notre apparence extérieure. Notre enveloppe corporelle, notre allure, notre look sont la première source d'informations que nous présentons aux autres. C'est notre premier moyen d'expression, à l'instant même où nous entrons dans une pièce (ou dès que l'on enclenche sa caméra en visioconférence), et cela, avant même d'avoir ouvert la bouche !
C'est le pendant physique, en quelque sorte, du personal branding : via notre apparence, on incarne stricto sensu notre marque personnelle. Un sujet important, donc, qui mérite qu'on s'y attarde.

Redoutable première impression

Une étude de l'université de Princeton en 2006, menée par le chercheur américain Alex Todorov, a révélé qu'il fallait seulement un dixième de seconde pour porter un jugement sur une personne que l'on rencontre pour la première fois en fonction de son apparence. Et peu importe le contexte : en photo ou en chair et en os, même constat ! Une première impression basée sur des critères d'observation extérieure (apparence physique, tenue vestimentaire, expression du visage), et à partir desquels on va opérer une construction subjective de la personnalité. Par exemple, croiser un voisin souriant une fois suffit à déduire qu'il s'agit d'une personne gentille et aimable. Tout comme penser d'un·e candidat·e élégant·e, qu'il s'agit d'une personne soignée et sérieuse avant même de commencer l'entretien. Car contrairement à l'adage, on juge bien le livre à sa couverture. Pire, d'après une autre étude réalisée par la Société de psychologie et sociale Texane en 2014, cette impression perdure de façon durable, les individus étant peu réceptifs aux nouvelles informations pouvant modifier leur opinion initiale.

De plus, l'interprétation sélective que l'on fait des premiers signaux que l'on perçoit d'une personne est affectée par un biais cognitif (mécanisme de pensée à l'origine d'une altération du jugement) puissant : **l'effet de halo**. En effet, on a tendance à donner trop de poids à une caractéristique que l'on juge positive (tenue vestimentaire par exemple) et à en déduire que les autres caractéristiques de la personne sont également positives (même sans les connaître). Par exemple, il a été montré que l'on prête de multiples qualités aux personnes que l'on trouve belles.
D'abord mis en évidence empiriquement en 1920, l'effet de halo a ensuite été démontré scientifiquement en 1946 par Solomon Asch, un pionnier de la psychologie sociale. Dans les années 1970, plusieurs études ont montré que les enfants étaient jugés plus intelligent·e·s que les autres par leur enseignant·e sur la base de leur attrait physique.

L'effet de halo peut être positif ou négatif. Si la première impression sur la personne est positive, on va interpréter favorablement tout ce que cette personne dit ou fait. En revanche, si la première impression est négative, on va continuer à voir la personne sous un prisme négatif sur le long terme.

Une première impression qui, même biaisée, marque profondément les esprits et peut changer le cours d'un parcours professionnel, comme lors d'un entretien d'embauche, d'une réunion, d'un rendez-vous client, etc. Dans ce contexte, on peut légitimement s'interroger à propos de l'image que l'on renvoie. Que donne-t-on à voir aux autres ? Notre image reflète-t-elle qui nous sommes réellement ? Bien sûr, il n'est pas question de modifier nos attraits physiques, nous sommes tels que nous sommes et c'est très bien ainsi. Tout comme il n'est pas question non plus de s'infliger une pression permanente pour apparaître parfait·e aux yeux des autres. En revanche, s'assurer de la cohérence entre le·a professionnel·le que l'on est et l'image que l'on renvoie par notre look et notre attitude n'a rien de superficiel.

Des vêtements communicants

Si par le passé les habits remplissaient principalement la fonction d'indicateur social, aujourd'hui les façons de se vêtir sont plus diffuses dans les sphères sociales : ouvrier et cadre portent des jeans par exemple. Mais qu'on ne s'y trompe pas, certains codes vestimentaires confèrent toujours un statut, notamment au travail, comme l'explique la conseillère en image Leila Ngouoto : « Notre crédibilité professionnelle passe par cet apparat. Vous ne verrez jamais le PDG d'une entreprise du CAC 40 se présenter en short et en tongs au bureau, le reflet de la compétence et des responsabilités passe encore par le port d'une chemise et de chaussures fermées. » Ce sont des codes de représentation que nous avons tou·te·s intégrés. Pour illustrer le propos, elle cite l'exemple de Delphine, travailleuse sociale, qu'elle a coachée récemment : « Au bureau, elle portait principalement des pulls à col roulé et des jeans. Un style qui ne créait pas de dissonance avec sa fonction, jusqu'au jour où elle est passée manager. Désormais à la tête d'une équipe, son allure d'étudiante, comme elle la qualifiait elle-même, lui faisait perdre en crédibilité. Il a suffi d'ajouter un blazer à sa tenue pour que les regards changent : le sien et ceux de ses collègues. » Désormais, jamais sans une veste pour compléter sa tenue, Delphine a gagné en assurance face à ses collègues. Elle endosse plus sereinement ses nouvelles responsabilités, comme aime le raconter l'experte en image.

Appliquer ou… casser les (dress) codes ?

Qu'on ne s'y méprenne pas, il n'y a pas que les policiers et les pompiers qui portent un uniforme. Au travail, les codes vestimentaires sont légion. Costume-cravate et tailleur pour les avocat·e·s, baskets de rigueur dans les métiers créatifs, tenue décontractée dans le milieu associatif… à chaque job, son dress code. En avoir conscience est capital pour Leila Ngouoto, surtout quand on cherche un emploi : « Adopter les codes vestimentaires de son milieu professionnel renforce son employabilité. Pour le·a recruteur·trice, c'est la preuve que le candidat·e a compris la culture de l'entreprise. » Pour cela, quelques recherches en ligne suffisent : « Opérez une veille active sur votre secteur et passez en revue les photos et vidéos d'interviews des salarié·e·s des organisations qui vous intéressent en épluchant les réseaux sociaux, les sites corporate et les jobboards. » Une démarche simple qui permet d'assimiler rapidement le style attendu par nos interlocuteur·trice·s, insiste la conseillère en image.

Embrasser ces règles tacites pour faciliter son intégration et mieux se fondre dans la masse apparaît comme une bonne stratégie, certes, mais à quel prix ? N'est-ce pas renier ce qui fait notre unicité ? Car notre look est le reflet de notre personnalité, et elle a besoin de s'exprimer ! Il n'y a évidemment pas de réponse tranchée à cette question. Chaque personne n'attache pas la même importance au sujet. Certaines s'épanouissent au travail en portant des vêtements neutres quand d'autres auront un besoin viscéral d'exprimer leur créativité à travers leur look. Un point à prendre en compte dans tous les cas au moment de choisir une voie professionnelle ou une entreprise. Le plus important ? Ne pas se sentir déguisé·e au quotidien. Reste à trouver le juste équilibre entre sa personnalité et le poste occupé.

La bonne nouvelle c'est que dans tous les groupes-métiers, les normes vestimentaires se relâchent de plus en plus. Si bien qu'on n'est plus surpris·e de croiser un banquier tatoué ou un CEO en baskets (merci Steve Jobs). De plus, même dans les environnements les plus stricts, on peut trouver un moyen d'exprimer ses goûts et préférences. Si on a un style original dans la vie de tous les jours mais qu'on évolue dans un environnement professionnel classique, Leila Ngouoto conseille de miser sur les accessoires : « Chaussettes ou chemises de couleurs, lunettes en bois, ceinture, bijoux décalés, etc. Ces détails peuvent complètement transformer un look tout en respectant le dress code. » Des détails qui n'en sont pas pour notre experte, tant qu'ils contribuent à nous faire nous sentir nous-mêmes au travail.

À l'aise, Blaise

Se sentir bien dans ses baskets est la quête ! Pour la journaliste spécialiste de la carrière Lucile Quillet, c'est le sentiment de confort et de bien-être que nous apportent nos vêtements qui devrait nous guider au moment de les choisir : « Moi par exemple, j'ai des habits fétiches. Comme ce chemisier en soie qui me vient de ma mère et que j'affectionne particulièrement. Je le porte systématiquement à chaque entretien d'embauche. Je sais qu'il me va bien, je me sens à l'aise dans mes mouvements quand je le porte... Il me donne de la force pour affronter cet exercice stressant. » Si l'idéal serait de n'arborer QUE des vêtements qui nous font le même effet, on peut a minima éliminer toutes les parures qui nous donnent l'impression de se travestir. Et opter, dans la mesure du possible, pour des tenues qui sont en accord avec notre personnalité... bref, qui nous ressemblent.

Maintenant que vous avez affûté tous vos modes d'expression, reste à les utiliser le plus possible au quotidien pour faire vivre votre marque personnelle. Une marque qui va se déployer autant dans votre vie réelle que virtuelle : explorons sa dimension numérique plus en détails dans le chapitre qui suit.

le +

Particularisme vestimentaire: levier de différenciation suprême?

Personnalités politiques, artistes mais aussi entrepreneur·e·s à succès, la liste des personnalités iconiques qui ont fait de leur look un outil majeur de leur personal branding est longue comme le bras (Karl Lagerfeld, Angela Merkel, Mark Zuckerberg pour ne citer qu'eux). Une idée à piquer? Un style affirmé (quel qu'il soit), peut bien évidemment être un élément fort de sa marque personnelle, aussi utile pour se différencier que pour se rendre mémorable. En revanche, on vous déconseille de basculer dans l'excentricité uniquement pour vous faire remarquer (si ce n'est pas en accord avec votre personnalité), avec un risque important d'éclipser votre compétence (personne n'écoute votre présentation, là, tout le monde est concentré sur votre cravate Mickey).

IV. CONSTRUIRE SA MARQUE PERSONNELLE

DIGITALE

Google et nous, It's a match!

Enfin dans nos rêves du moins. C'est-à-dire qu'au sujet de notre image digitale, notre relation avec ce cher moteur de recherche (il y en a d'autres, bien sûr, mais avec lui l'expression « googliser quelqu'un » prend tout son sens), peut s'avérer tumultueuse. C'est qu'il n'en fait qu'à sa tête, voyez-vous, recueillant et conservant scrupuleusement les moindres traces de notre passage sur les fils de sa toile. Une mémoire d'éléphant technologique qui lui confère le super-pouvoir de faire et défaire des carrières. Rien que ça. Bien plus que ça à vrai dire, mais ce n'est pas le sujet.

Un simple (mauvais) clic peut ainsi réduire les efforts d'une vie. Vous trouvez ça exagéré ? Prêtons-nous à une mise en situation pour s'en assurer.

Actuellement en train de passer le dernier tour du processus de recrutement interne pour décrocher le poste d'associé au sein du cabinet d'architectes dans lequel il officie depuis huit ans, Vincent voit ses projections réduites à néant en l'espace de cinq minutes. La bascule s'opère au moment fatidique où son boss décide de « fact-checker »** son profil Facebook. Un profil qui apparaît en troisième position lorsque l'on tape son patronyme sur la tête chercheuse du web. Malheureusement, les photos prises à Ibiza durant l'été 2013 sur lesquelles on le voit renverser de la crème glacée sur le ventre de son amie ne correspondent pas à l'image que le cabinet souhaite renvoyer auprès de ses prestigieux clients. Hum, adieu promotion.

Terrible, n'est-ce pas ? Et si banal en même temps. Ce qui rend cette histoire encore plus tragique. Mais comment contrer ce dieu de la réputation et ses homologues, les réseaux sociaux ? Il faut les mettre au pas, tout simplement. Parce qu'ils sont peut être forts, mais nous aussi. On peut en faire des alliés qui vont valoriser notre personal branding.

Comme Rome qui ne s'est pas faite en un jour, la construction et le rayonnement de notre image digitale vont nécessiter un peu de travail pour dompter leurs algorithmes. Nul besoin de savoir coder pour cela (ouf de soulagement), il suffit de leur donner les bonnes informations et de les nourrir régulièrement.

Pour créer un double numérique qui va faire décoller votre marque personnelle, connectez vos antennes et lisez ce chapitre.

1. SOIGNER SA E-RÉPUTATION

LE SÉSAME 2.0

La réputation, un vestige de l'ancien temps ? Vous trouvez que cela fait un peu ragot de village ? Ce n'est pas complètement faux... « Au fond, c'est la notion d'audience qui génère un enjeu de réputation », explique Christophe Alcantara, enseignant-chercheur en sciences de l'information et de la communication à l'université de Toulouse 1 Capitole : « la réputation, c'est ce qui est visible, ce qui va être dit sur vous, en tant que sujet, à un instant T, et qui est visible par une audience ». Si à l'origine, le terme était positivement connoté (« ce théâtre est très réputé »), le mot peut aujourd'hui être aussi utilisé de manière négative : on a une « bonne », ou une « mauvaise » réputation...

E-réputation, un véritable changement d'échelle !

Depuis l'avènement d'Internet, notre réputation est confrontée à un véritable changement d'échelle qui en amplifie potentiellement l'importance et les conséquences, comme le souligne notre expert : « Dans la notion d'e-réputation, on trouve en plus l'instantanéité, l'ubiquité et la viralité des réseaux sociaux, dont la puissance médiatique en démultiplie les effets. En fait, ce que l'on publie sur Internet devient non pas une information privée mais une information publique, et potentiellement l'audience peut vite devenir énorme », précise le chercheur qui a constaté trop souvent le désastre que peut causer un tweet parti trop vite.

Le temps passe, la trace reste... Et parfois, cela peut être fatal. Vous vous sentez aujourd'hui irréprochable, mais cela n'a peut-être pas toujours été le cas ! Or, une publication que vous aurez postée il y a dix ans et oubliée depuis peut vous revenir en mode boomerang.

Les conséquences d'une mauvaise e-réputation sur sa carrière

Recruteur·trice·s, managers, clients, investisseurs, prestataires… dites-vous qu'avant d'engager une collaboration, quelle qu'elle soit, toutes les personnes avec qui vous interagissez dans votre sphère professionnelle sont susceptibles de faire des recherches à votre sujet sur Internet. Une pratique d'ailleurs banalisée lors d'un processus de recrutement, car au-delà des compétences, les organisations recherchent des candidat·e·s compatibles avec les valeurs et la culture de l'entreprise. Des investigations encore plus poussées pour les postes à responsabilité, d'après le spécialiste de la e-réputation : « On veut s'assurer qu'il n'y a pas d'interférences entre ce qu'un·e candidat·e dit de lui·elle et les images et les publications de sa vie personnelle ou associative… » Il suffit d'un tweet virulent par exemple pour risquer de voir un entretien d'embauche s'annuler ou se faire avec des a priori négatifs.
Tout comme il peut stopper net des carrières.

Disparaître de la toile, une fausse bonne idée

Alors sauve qui peut ? Quitter tous les réseaux sociaux pour sauvegarder sa e-réputation n'est pas une stratégie payante, selon Christophe Alcantara : « Ce n'est pas parce que vous n'êtes pas présent·e sur Internet que les autres ne le sont pas pour vous ! » L'enseignant est bien placé pour le savoir : vidéo, enregistrements, il n'a pas la mainmise sur ce que ses élèves publient de lui… De même, « googliser » le nom de quelqu'un et de ne trouver aucune information à son sujet peut paraître suspect et pose question : pourquoi n'y a-t-il aucune trace de cette personne sur le web ?

La solution, vous l'aurez compris, c'est de s'emparer de la question de sa réputation en ligne ! Quand on communique soi-même, on s'assure de garder le contrôle sur une bonne partie des informations nous concernant. Pour cela, commençons par faire un brin de ménage.

NETTOYAGE NUMÉRIQUE

« OK Google : dis-moi tout ce que tu sais sur moi. »

Commencez par faire un état des lieux des traces que vous avez laissées sur la toile.

- Tapez votre nom + prénom dans la barre de recherche de votre navigateur Internet et passez en revue toutes les informations et les sites qui remontent dans les résultats.
- N'hésitez pas à explorer deux, trois pages en arrière car c'est là que Google référence les vieilleries et erreurs de jeunesse, celles que vous cherchez justement à débusquer.
- N'oubliez pas de regarder dans les onglets « images » et « vidéos ».

Faites également votre self-googling depuis l'ordinateur d'un proche – surtout si vous avez un nom de famille répandu –, car les résultats peuvent varier. En revanche, faire cette recherche en navigation privée ne change pas les résultats de recherche.

Ce bilan permet d'identifier les contenus positifs qui servent votre marque personnelle (à conserver, voire à pousser davantage, on y reviendra) et les négatifs qui peuvent potentiellement entacher votre image et pour lesquels vous serez sans pitié : ils doivent disparaître.

C'est du propre !

Pour optimiser votre e-réputation, lancez votre nettoyage de printemps numérique :

- Fermez les comptes ou profils liés à des sites que vous n'utilisez plus. Le règlement RGPD (Règlement général sur la protection des données, un dispositif entré en vigueur le 25 mai 2018 permettant à tout citoyen européen de disposer de ses données) oblige alors ces sites à supprimer vos données personnelles associées.

- Dans le cas d'une photo ou d'une publication gênante sur les réseaux sociaux, demandez sa suppression directement auprès du site concerné.

- Si vous souhaitez qu'un lien vers un contenu nuisible ne soit plus référencé sur votre nom et prénom, contactez le moteur de recherche.

Les points de contacts et les démarches à réaliser pour faire effacer ses données varient selon les organismes (formulaire, mail, courrier, etc.). Vous trouverez ces informations sur les pages « politique confidentialité », « politique vie privée », « mentions légales » des sites Internet en question. Pour éviter les erreurs, détaillez précisément les données que vous souhaitez supprimer (liens, captures d'écran…). Enfin, sachez que certains organismes peuvent vous demander de leur fournir un document prouvant votre identité avant d'accéder à votre demande.

Si vos requêtes sont refusées ou restent sans réponse au bout d'un mois, vous pouvez déposer une plainte auprès de la CNIL (Commission nationale de l'informatique et des libertés) qui se chargera de faire aboutir vos demandes au nom de votre droit à l'effacement des données (droit à l'oubli). Une plainte à saisir directement sur le site de la Cnil.fr ou par courrier.

Les pros du nettoyage

Dans les situations les plus critiques (comme à la suite d'un bad buzz ou d'une campagne de dénigrement), il est possible de s'offrir les services d'une agence d'e-réputation pour prendre en charge la réhabilitation de son image numérique. L'une des techniques utilisées par ces agences consiste à publier massivement des nouveaux contenus liés au nom-prénom de leur client·e pour venir chasser de la première page des résultats de recherche, les anciens contenus négatifs. Une pratique qui montre bien qu'en étant actif·ve sur Internet et en choisissant de déployer soi-même sa présence en ligne, on peut maîtriser sa e-réputation.

GÉRER SA E-REPUTATION AU QUOTIDIEN

Rester en alerte

Après le nettoyage de votre e-réputation, reste à l'entretenir. Une tâche que vous pouvez automatiser en créant une alerte Google sur votre nom-prénom (google.fr/alerts). Vous serez ainsi prévenu·e par mail, dès qu'un nouveau contenu vous concernant est publié sur Internet.

Pseudonyme de sécurité

Prudence est mère de sûreté, pour préserver votre e-réputation pensez à multiplier vos identités numériques. Très simplement, il ne s'agit pas de se muer en agent double mais simplement d'utiliser son identité réelle (nom-prénom) pour toutes les activités en ligne liées à son domaine professionnel, et de préférer un pseudonyme pour toutes celles relevant de la vie privée.
Un pseudonyme qui vous permettra de vous exprimer plus librement sur les blogs, les forums, les réseaux sociaux, mais aussi de participer à des événements, signer des pétitions... sans risquer d'éventuelles répercussions sur votre marque personnelle.

Régler ses paramètres de confidentialité sur les réseaux sociaux

Dans cette même logique, si vous souhaitez consacrer certains réseaux sociaux à votre sphère privée, pour y publier des contenus intimes (et cela même en utilisant un pseudonyme), vérifiez les paramètres de confidentialité de chacun de vos comptes.

Facebook, Instagram, Twitter, LinkedIn... chaque site a ses spécificités et des possibilités différentes. Selon les cas, vous pourrez passer d'un profil public à un profil privé, autoriser ou non la géolocalisation ou l'identification sur des posts, faire apparaître les mises à jour de votre profil auprès de vos contacts... Explorez et adaptez ces paramètres en fonction de votre utilisation de ces réseaux. Les rubriques pour y accéder: «Paramètres de confidentialité», «Confidentialité du compte», «Confidentialité et sécurité», etc.

Si vous souhaitez utiliser un réseau social à la fois pour votre sphère privée et votre sphère professionnelle, comme Instagram par exemple, préférez ouvrir deux comptes séparés : un public lié à votre identité réelle (ou un pseudonyme professionnel) et un privé avec un pseudonyme personnel pour continuer à partager vos moments de vie avec vos proches sans risquer de compromettre votre image professionnelle.

Gérer sa e-réputation c'est bien, travailler à la création d'une identité numérique qui incarne sa marque personnelle, c'est mieux ! À chacun·e de la construire activement à travers les informations et les contenus (textes, photos, vidéos, etc.) que l'on va consciencieusement choisir de publier.

2. CRÉER SON IDENTITÉ NUMÉRIQUE

UN SITE WEB COMME VITRINE NUMÉRIQUE

Blog vitrine, portfolio, book en ligne... La création d'un site Internet personnel est un outil de communication valorisant, qui offre la possibilité de proposer une présentation de soi approfondie.

L'occasion de :

- raconter son histoire,
- expliquer sa vision, ses valeurs,
- valoriser ses compétences, son expertise
- montrer ses réalisations
- donner des références
- préciser ses points de contact (mail, liens réseaux sociaux, téléphone...)

Tous les profils, tous les métiers, peuvent avoir un intérêt à le faire. Par exemple, un graphiste présentera ses réalisations visuelles mais pourra aussi expliquer ses influences, son univers graphique et son processus de création, quand un·e community manager pourra y consigner ses meilleurs posts, les scénarios de stories qu'il·elle a créés, des exemples de « wording » ou encore partager ses connaissances des mécanismes des campagnes sur les réseaux sociaux...

C'est le support idéal pour mettre en avant sa personnalité, exprimer sa singularité et marquer davantage les esprits. Un outil de différenciation apprécié des recruteur·trice·s, mais également utile lorsque l'on souhaite être identifié·e en tant qu'expert·e dans son domaine. C'est aussi la vitrine qui donne envie et rassure ses client·e·s lorsqu'on est autoentrepreneur·euse. De même, tenir un blog ouvert, qui offre la possibilité aux internautes de commenter ses articles, est l'occasion de nouer le dialogue, d'entrer en relation avec d'autres professionnel·le·s, donc de créer des opportunités. Enfin, un site web référencé à votre nom, impacte positivement vos résultats de recherche sur Google.

Certes, c'est un projet qui prend un peu de temps car il nécessite de penser à l'architecture et au look du site, de créer des visuels ou faire des photos, d'écrire des textes, de prévoir des mises à jour régulières... Chacun·e évaluera la pertinence d'une telle entreprise, mais pour les plus déterminé·e·s, des outils permettent de se lancer en autonomie sans avoir besoin de faire appel à un développeur :

- Création de nom de domaine : OVH, Gandi, Amen, Ionos...
- Création d'un site web ou un blog : Wordpress, Wix, Hubspot, Blogger...
- Portfolio pour les créatifs : Behance, Dribbble
- Plateforme de blog : Medium

Une pièce intéressante à apporter dans la création de votre identité numérique qui doit dans tous les cas s'accompagner d'une présence sur les réseaux sociaux. On vous explique pourquoi.

LES RÉSEAUX SOCIAUX : THE PLACE TO BE

Avec 58,4 % de la population mondiale présente sur les réseaux sociaux et 4,62 milliards d'utilisateur·trice·s mensuels actif·ve·s d'après le Digital Report 2022 Global Overview, les plateformes sociales sont bien évidemment le porte-voix idéal de toute marque personnelle. Un ensemble qui comprend de multiples sites : Facebook, Instagram, Twitter, LinkedIn, YouTube, Snapchat, Pinterest, TikTok…

Devant l'impossibilité de tous les passer en revue, zoom sur les quatre grands « classiques » :

FACEBOOK

Nombre d'utilisateurs actifs mensuels dans le monde
2,910 milliards

En France
40 millions

Audience majoritaire
18-44 ans

Attente principale des utilisateurs

Sur Facebook, priorité aux formats engageants et aux émotions : les internautes veulent se reconnaître dans les contenus.

INSTAGRAM

Nombre d'utilisateurs actifs mensuels dans le monde
1,418 milliard

En France
22 millions

Audience majoritaire
18-35 ans

Attente principale des utilisateurs

Sur Instagram, c'est la qualité de l'image qui fait la différence (ainsi qu'un profil travaillé visuellement).

LINKEDIN

Nombre d'utilisateurs actifs mensuels dans le monde
353 millions

En France
23 millions

Audience majoritaire
25-35 ans

Attente principale des utilisateurs

Sur Linkedin, c'est réseautage, offres d'emploi, mais aussi de plus en plus de contenus : un outil de veille professionnelle devenu incontournable

TWITTER

Nombre d'utilisateurs actifs mensuels dans le monde
436 millions

En France
16,4 millions

Audience majoritaire
25-34 ans

Attente principale des utilisateurs

LA plateforme de l'information et de l'instantanéité, celle où l'actualité la plus chaude est discutée en direct.

Selon son métier, son secteur d'activité, les audiences que l'on veut toucher et les objectifs professionnels que l'on poursuit, on ne va pas déployer sa présence en ligne sur les mêmes canaux et/ou réseaux sociaux. Instinctivement, on se dit qu'un·e graphiste aura tout intérêt à miser sur un compte Instagram pour montrer ses créations, quand un·e rédacteur·trice web sera plus actif·ve sur Twitter et un·e responsable en ressources humaines ne pourra faire l'impasse sur LinkedIn... Des bonnes pratiques bien sûr, facilement identifiables selon son secteur d'activité, mais face à la perpétuelle évolution des fonctionnalités de ces sites et leurs usages, on peut très bien émerger dans son domaine avec une communication à contre-courant. Des comptes Instagram cartonnent en faisant des captures d'écran de... tweets, soit pas vraiment les codes de la plate-forme... Vraiment, n'hésitez pas à faire preuve de créativité ! Le créateur de contenus et consultant en personal branding Baptiste Piocelle est formel, les audiences sont partout à la fois : « Toutes les cibles sont présentes sur tous les réseaux ! On entendait encore il y a quelques années que LinkedIn était un réseau de boomers par exemple, alors que les chiffres récents prouvent que la plupart des utilisateurs ont moins de 35 ans. Tout comme TikTok, qui n'est plus un réseau réservé aux ados et qui tend à devenir incontournable toutes audiences confondues dans les années à venir. »

Choisir où être présent·e

Au delà de l'audience, donc, on choisira de se positionner sur un réseau social en fonction de deux critères :

- notre appétence à s'exprimer dans une forme de média (vidéo, texte, image...) ;
- notre aisance à s'approprier les codes de communication du site.

Et la combinaison de ces deux éléments est primordiale : on peut être à l'aise avec la vidéo mais dans un format court (quelques secondes ou minutes), face caméra, comme celles plébiscitées par TikTok ou Instagram, et pas du tout avec celles des vidéos YouTube qui sont des formats plus longs, souvent scénarisés, qui nécessitent un montage plus léché.

L'essentiel est de pouvoir se projeter dans le temps, comme le suggère l'expert Baptiste Piocelle : « La question du feeling est primordiale au moment de s'investir sur un site. Demandez-vous si vous aurez envie de prendre la parole régulièrement via ce canal. Il ne faut pas perdre de vue que le personal branding est une démarche qui s'inscrit dans la durée. »

Multiplier les canaux

Au moment de choisir où déployer sa présence numérique, se pose la question du nombre de sites et/ou plateformes où le faire. Le consultant recommande d'opter pour un personal branding multiplateformes pour deux raisons principales :

• Élargir son audience :

« Toutes les personnes que vous voulez toucher ne seront jamais sur un seul canal, le seul moyen de les approcher est d'en cumuler plusieurs. »

• Rien ne se perd, tout se transforme :

« Trouver des informations, réfléchir à des angles intéressants avant de créer un contenu est le travail le plus conséquent. Ensuite, il est assez facile de "recycler" un contenu d'une plateforme à l'autre, c'est dommage de se contenter de le diffuser à un seul endroit. » Ainsi le contenu d'un texte écrit pour LinkedIn peut être adapté en une vidéo courte pour TikTok, un carrousel Instagram devenir un post Facebook ou encore un article de newsletter être commenté via un format Live, etc.

Pour éviter de s'épuiser et de s'éparpiller dans un premier temps, le plus raisonnable reste tout de même de se concentrer sur deux médias sociaux (généralement un compte LinkedIn + un autre), et après six mois d'utilisation, de faire le point pour évaluer la pertinence de se positionner sur un autre canal.

- **Optimiser ses profils**

Voilà une bonne chose de faite. Mais il ne suffit pas d'être présent sur les bons canaux pour faire mouche. Avant de créer des interactions avec d'autres internautes, voire de publier du contenu, il faut d'abord peaufiner son/ses profil(s) sur les réseaux sociaux pour s'assurer de se présenter sous son meilleur jour.

- **Une photo de profil professionnelle**

On l'a vu, qu'on le veuille ou non, notre image fait partie intégrante de notre personal branding (voir page 165). Comme dans la vie réelle, elle est la première source d'information que nous livrons aux internautes à notre sujet. C'est même celle qui attire leur attention sur notre profil : d'après l'expert Baptiste Piocelle, « au moment de scroller sur le fil de la page d'accueil LinkedIn par exemple : leurs yeux sont en premier lieu accrochés par votre photo avant de lire ou non, votre publication. »

Les règles de l'art à respecter pour une photo professionnelle valorisante :

LES DO :

- Une photo-portrait, visage dégagé, et cadrée en plan poitrine. On est au max.

- Même si on était objectivement plus canon dix ans avant, on opte pour une photo récente, bien nette et bien éclairée.

- Ni costume à paillettes ni baggy, une tenue casual, du quotidien quoi, dans laquelle on se sent bien.
On mise sur un cadre neutre, c'est nous le sujet.

- Sourire, regard chaleureux : on donne tout pour adopter une attitude avenante.

LES DON'T :

- La photo de famille tronquée (oui ça se voit), ou pire, utiliser un avatar.

- Les selfies, les captures d'écran de webcam, l'abus de filtres (ça aussi ça se voit).

- L'arrière-plan brouillon : exit le chat qui dort sur l'étagère, les lunettes de soleil, chapeau *and co* : tous les accessoires hors sujet.

- Visage crispé, posture trop stricte – mode achevez-moi j'aimerais être ailleurs – ou au contraire trop décontractée, style je suis vraiment ailleurs, en tout cas pas au taf.

Meilleur profil, éclairage optimal, pose travaillée… si vous le pouvez, faites appel à un·e photographe professionnel·le pour réaliser votre photo de profil. Un investissement utile, car au même titre qu'on se sent plus sûr·e de soi les jours où on est à l'aise et/ou fier·e de la tenue que l'on porte, une photo valorisante renforce la confiance, y compris dans les interactions virtuelles.

• **La photo de couverture**

Sur Twitter, Facebook et LinkedIn, vous avez la possibilité d'ajouter une photo de couverture (ou cover) pour habiller votre profil. Un bon moyen d'exprimer sa personnalité et de se différencier en misant sur une photo, un visuel qui illustre son univers.

Rien sous la main ? Plusieurs banques d'images proposent des photos et visuels libres de droits et gratuits (Unsplash, Pixabay, Piqsels…), libre à vous de les utiliser tel quel ou de les customiser à l'aide de logiciels comme Photoshop ou Canva. Sur un fond neutre, vous pouvez par exemple ajouter une baseline, un slogan, ou un mantra qui vous caractérise. L'occasion également d'afficher le logo ou une bannière aux couleurs de la charte graphique de votre organisation si vous êtes à votre compte ou que votre entreprise le propose.

• **Une cohérence visuelle**

À l'instar des marques, utiliser la même identité visuelle (photo de profil, cover, police, couleurs…) sur tous les sites et réseaux sociaux sur lesquels vous êtes présent·e professionnellement crée votre identité visuelle. Grâce à cette cohérence graphique, vous êtes plus facilement identifiable et mémorable chaque fois que vous vous exprimez en ligne.

Dans cette optique, évitez de changer ces codes visuels trop souvent pour construire une image dans la durée. On vous déconseille notamment de changer votre photo de profil professionnelle trop régulièrement car les personnes de votre réseau vous (re)connaissent grâce à elle.

• Un descriptif impactant...

Informations de profil sur Facebook, bio sur Twitter ou Instagram, titre et descriptif sur LinkedIn...Tous les réseaux sociaux offrent la possibilité de se décrire en quelques lignes. Équivalent d'une carte de visite virtuelle, ce descriptif est le représentant de votre identité numérique, pour lequel il vous faudra peser chaque mot.

N'en déplaise aux influenceur·euse·s, pour une une identité numérique professionnelle efficace, évitez les formules originales (souvent absconses et peu concrètes) et privilégiez la simplicité en appliquant une formule simple :

- Nom + prénom bien visible/lisible
- Intitulé de poste ou métier + nom de l'entreprise ou de la marque si vous êtes en poste
- Une phrase qui décrit votre mission principale et/ou des #hastags de vos domaines d'expertise
- Lien vers votre site Web ou vers vos autres réseaux sociaux quand c'est possible
- Informations de géolocalisation

Welcome to the Jungle

Darina Senhaji

Senior Account Manager @ Welcome to the Jungle / Créatrice du podcast "AM KAM gram" sur l'Account Management

Paris, Île-de-France, France • Coordonnées

anakoop S'abonner ...

1122 publications **1488** abonnés **1800** abonnements

Anaïs Koopman 🇫🇷 🇳🇱
Journaliste
#endowarrior 🧕 @lyv.endo
📝 Plume culottée @portraitsdumains @kooptalk
✍️ Journaliste @welcometothejungle_fr
🎙️ Podcasteuse @jumptalife
Mon travail 👇
linktr.ee/anakoop

• ... et SEO friendly

L'autre fonction capitale de cette description est d'œuvrer à votre positionnement SEO (Search Engine Optimization), autrement dit à optimiser votre référencement naturel à la fois sur les moteurs de recherche internes des réseaux sociaux, mais également sur les moteurs de recherche d'Internet comme Google.

Séduisez les algorithmes en employant la bonne formulation :

• Répertoriez les mots-clés liés à votre domaine d'activité et qui vous correspondent le mieux
• Faites les matcher avec les mots tendances, ceux qui performent le plus sur les moteurs de recherche, en consultant le site Google trends.
• Intégrez trois ou quatre de ces mots-clés en lien avec votre expertise dans votre bio et/ou en utilisant des #hashtags.

Une association patronyme-mots-clés à double bénéfices, puisqu'elle renforce votre crédibilité professionnelle tout en augmentant votre visibilité.

Focus sur le profil LinkedIn

Quasiment incontournable quels que soient son statut et sa profession, un profil LinkedIn n'est pas une copie digitale du CV, mais bien la possibilité (entre autres) de présenter de façon détaillée son parcours professionnel et d'accroître la visibilité et l'impact de son image professionnelle. Un profil à optimiser le plus efficacement possible en prenant en compte les quatre points suivants :

Personnaliser son URL

LinkedIn vous attribue une adresse composée de lettres et de chiffres à la création de votre profil. Pour améliorer votre SEO, modifiez cette URL en la personnalisant à votre nom et prénom: https://www.linkedin.com/in/prénom-nom/. Si cette adresse est déjà prise par un homonyme, essayez d'autres combinaisons en inversant les mots, en ajoutant ou retirant un tiret, etc.

Allez sur la page de votre profil et cliquez sur «modifier le profil public et l'URL» en haut à droite, puis cliquez sur le petit stylo bleu à côté de l'URL existante pour la modifier. Vous pouvez alors saisir votre nouvelle adresse comprenant entre 3 et 100 lettres ou chiffres. N'utilisez pas d'espaces, de symboles ou de caractères spéciaux. Enregistrez la modification.

Compléter toutes les sections

Une identité visuelle forte et un titre impactant sont un bon début, mais pour optimiser votre page profil, prenez le temps de renseigner chaque section avec notamment:

• Un «À propos» accrocheur:
Celui-ci doit vous démarquer et donner envie de lire la suite: où vous êtes actuellement, les bénéfices que vous apportez aux différentes parties prenantes avec lesquelles vous travaillez et une invitation à une prise de contact (coordonnées, lien site Internet) pour conclure ce texte.
Comme pour le titre de votre profil, incluez-y les mots-clés pertinents de votre secteur d'activité.
Et n'oubliez pas: seules les 3 premières lignes des 2000 caractères possibles s'affichent directement, pour découvrir

la suite de votre résumé on doit cliquer sur «voir plus». Alors, soignez particulièrement le placement de mots-clés et la tournure de ces 3 lignes.

• Des «Expériences» détaillées:
Dates, intitulé de poste, entreprise, localisation, missions, résultats obtenus, références. Soyez précis·e·s et misez toujours sur les mots-clés qui aideront votre profil à être plus visible. Liez votre descriptif avec les pages entreprise LinkedIn des boîtes dans lesquelles vous avez travaillé pour faire apparaître leurs logos.

• Une revue de sa «Formation»:
Définissez votre cursus scolaire: établissement (liez aussi aux pages LinkedIn quand c'est possible), titre du diplôme obtenu, dates, spécialisations et sujet de mémoire ou de recherche.

• Des «Compétences» valorisées:
LinkedIn vous propose des compétences sous forme de mots-clés: sélectionnez celles qui vous correspondent (si vous avez un doute, relisez le chapitre II!) Pas besoin de les multiplier, misez sur celles que vous maîtrisez vraiment et pour lesquelles les autres vous reconnaissent déjà (une dizaine maximum).

Des «Recommandations» triées sur le volet

Incitez vos contacts professionnels à rédiger des recommandations pour mettre en avant vos compétences, raconter une expérience commune positive ou partager des performances d'équipe. Vous pouvez modérer ces textes pour décider de les afficher, ou non, sur votre profil.

N'hésitez pas vous-même à rédiger des recommandations à vos collaborateur·trice·s (le type d'initiative qui donne envie de rendre la pareille) ou de carrément leur proposer un texte « prêt à poster » qu'ils pourront ajuster si besoin avant publication sur votre page.

Sans oublier, vos centres d'intérêts

En suivant les pages des entreprises ou des groupes LinkedIn, vous remplissez automatiquement cette section de votre profil. Souvent négligée, elle donne pourtant des informations précieuses à propos de vos sujets de prédilections et cela vous « raconte » autrement. Alors, ne faites pas l'impasse et réfléchissez à la cohérence des informations que cela reflète par rapport à votre profil.

Zoom sur le mode créateur

Disponible depuis mars 2021, cette nouvelle fonctionnalité est accessible à tous les profils (sauf les pages entreprises) en un clic depuis le tableau de bord (bouton « Mode créateur »), pour gagner en visibilité et accroître son audience. Elle offre la possibilité d'ajouter cinq #hashtags pour mettre en avant ses sujets de prédilections, fait remonter la section « Sélection de contenus » et « Activités » en haut de la page et donne accès à la fonctionnalité newsletter de LinkedIn. En revanche, ce mode remplace le bouton « se connecter » par « suivre » sur votre profil, autrement dit, vous obtenez des abonnés à la place des relations. Une fonction à activer donc uniquement pour ceux·celles qui ont des velléités à devenir « influenceur·euse·s » sur la plateforme.

Une fois la création de vos profils sur les réseaux sociaux achevée, reste à les alimenter et les faire vivre pour augmenter leur visibilité et leur pertinence.

3. FAIRE VIVRE SON IDENTITÉ NUMÉRIQUE

ÊTRE (RÉ)ACTIF·VE

Nos profils sur les médias sociaux reflètent notre marque personnelle et c'est un bon début, mais si on ne crée aucune interaction, on en limite la portée. C'est le moment d'enclencher la dimension «sociale» de ces réseaux.

Créer son écosystème pro

C'est l'étape primordiale au moment de se lancer sur n'importe quelle plateforme : identifier tous les acteur·trice·s ou influenceur·euse·s pertinent·e·s dans son secteur d'activité ou son domaine d'expertise pour les suivre et/ou les ajouter dans ses contacts. Souvent, on commence par les contacts que l'on connaît déjà via son entourage personnel et professionnel, et petit à petit on élargit son cercle à des personnes en lien direct avec son travail et ses sujets de prédilection.

Vous pouvez trouver ces contacts grâce à une veille sur la presse spécialisée, via les groupes et les pages entreprises qui vous intéressent ou encore grâce aux recherches liées aux #hashtags qui font remonter les publications et les profils qui communiquent avec ces mots-clés. Des #hashtags auprès desquels vous pouvez vous abonner directement pour ne rien manquer de leur actualité. Par exemple, un·e responsable marketing peut s'abonner à #marketing #growth #digital.

Ces actions vont nourrir les algorithmes des sites sur lesquels vous êtes présents, qui vont à leur tour vous faire des suggestions d'informations, de publications, de contacts liés à ces thématiques. Petit à petit, vous constituez un écosystème cohérent qui permet à la fois de réaliser une veille pertinente sur vos domaines d'expertise, mais également de faire grandir votre réseau. Un cercle vertueux qui augmente également la visibilité de votre identité numérique auprès des audiences que vous voulez toucher.

Votre activité sur les plateformes est primordiale pour affiner les résultats, comme vous pouvez le constater sur LinkedIn en accédant à la page « hub discover » (https://www.linkedin.com/mynetwork/discover-hub/).
Vous y trouverez :

- Les personnes suggérées pour vous
- Les personnes en vogue dans votre réseau
- Les personnes suivies par les membres que vous suivez
- Les pages à suivre en fonction de votre actualité

Interagir

Encore une fois, c'est la mission première de ces sites, ce serait dommage de s'en priver ! Alors n'hésitez pas à créer des connexions.

Pour ce faire, voici les actions à mener pour intensifier ses interactions sur les réseaux :

- Likez les publications et les actualités des membres de votre réseau pour signifier votre présence.

- Si vous êtes identifié·e dans une publication, likez-la et ajoutez un commentaire.

- Lorsqu'à votre tour vous publiez un message, taguez les personnes de votre réseau en lien avec le propos pour en augmenter la portée.

- Répondez à tous les messages que vous recevez.

- N'hésitez pas à discuter avec vos contacts, par messages et/ou par commentaires interposés. Un réseau, ça s'entretient!

- Rejoignez des groupes, participez aux discussions, assister à des live.

le +

Le pouvoir du commentaire

Contrairement aux idées reçues, le nombre de likes ne change pas la donne quant à la visibilité des publications sur les réseaux sociaux. Ce qui les booste, ce sont surtout les commentaires des internautes. Signe d'un engagement et d'un intérêt de la communauté pour le contenu commenté, les algorithmes des réseaux sociaux vont le mettre en avant auprès d'une audience plus large. Moins engageant que de publier directement son propre contenu, cette pratique est un bon moyen de nouer des connexions et de se faire repérer par les autres membres de son réseau. C'est d'ailleurs une technique connue des influenceur·euse·s pour drainer de l'audience vers leur profil. Alors n'hésitez pas à faire de même, entrez dans la conversation !

Communiquer sur ses nouveautés

Vous changez d'entreprise ou votre poste évolue ? Mettez vos profils à jour mais surtout, annoncez la nouvelle à vos contacts. L'occasion de remercier vos équipes (en les taguant), et d'apporter plus de contexte à ce changement : quel bilan faites-vous de votre ancienne position, pourquoi cette mobilité, quelles seront vos nouvelles missions… Informer votre réseau de ces grandes évolutions est primordiale pour entretenir un lien et créer de nouvelles opportunités : vos contacts doivent toujours connaître votre position et identifier vos compétences pour savoir quand faire appel à vous ou vous recommander.

Dans cette même logique, manifestez-vous régulièrement auprès de votre entourage en communiquant sur votre quotidien professionnel : un nouveau projet, une nouvelle collaboration, une formation… Que ce soit pour partager vos réalisations, des bons résultats, les coulisses d'un événement : montrez votre travail ! C'est essentiel pour qu'on pense à vous.

Romain Vinson

Co-fondateur chez Quartier Frais
1 j • Modifié •

« Mouais ça va... »

Je réalise que je réponds souvent cela quand on me dit « Bravo pour **Quartier Frais**, ça a l'air de trop bien fonctionner !!! »

Je nous compare à des boîtes qui cartonnent plus.
Je dévalorise ce qu'on a accompli.

Avec la tête dans le guidon, difficile de lister ce qui va bien... et pourtant:

Dans quelques jours on aura 6 ans d'existance (c'est pas rien sachant que beaucoup d'entreprises ne passent pas les 3 ans).

On a perdu que 3 clients depuis la création.
On a fait de la croissance chaque année et même en periode de covid.
On est rentables.
On propose une vraie alternative à la distribution automatique classique.
On améliore et crée de nouvelles offres continuellement.
On a plein de nouveaux projets pour 2022.
On s'entend extrêmement bien avec nos clients.
On a refusé un rachat parce qu'on peut aller tellement plus loin encore !!

Bref, quand on se lance, il y a plein de raisons d'être fier de son parcours !

#fierté #melon #anniversaire #stillstanding

CRÉER DU CONTENU

À cette étape vous avez un double numérique cohérent, qui endosse la dimension digitale de votre marque personnelle. Pour passer un cran au-dessus, et en décupler l'influence, il n'y a pas de secret, vous devez vous exprimer davantage. Diffuser des informations utiles ou étonnantes, échanger des idées, partager vos savoirs, donner votre avis… Bref, proposer des contenus utiles, intéressants, pertinents qui donneront envie de vous lire, de vous écouter et de vous suivre sur les réseaux et ailleurs !

C'est le moment de réfléchir à **une stratégie éditoriale**, dont Baptiste Piocelle, consultant en personal branding, nous dévoile les grandes étapes :

- Définir vos objectifs

Vous avez déjà défini les objectifs professionnels de votre marque personnelle, mais quels sont ceux précisément que vous souhaitez atteindre en publiant des contenus ? Par exemple, convaincre des investisseur·euse·s, gagner en visibilité, devenir une référence dans votre secteur…
Notre expert recommande de préférer des objectifs qualifiables liés à votre crédibilité professionnelle (être recruté·e, sollicité·e, contacté·e…) plutôt que quantifiables (obtenir 10 000 vues en un mois), plus pertinents dans l'optique de créer une marque personnelle qui dure.

- Apprendre à connaître vos cibles

Votre audience est principalement composée des personnes de votre écosystème professionnel, celui-là même que vous avez composé sur les réseaux sociaux. Qui sont ces personnes ? Quelles informations et contenus peuvent les intéresser ? Le contenu que vous créez doit toujours leur apporter de la valeur.

- **Choisir un positionnement éditorial**

Il est composé des deux ou trois grands thèmes que vous souhaitez aborder, en lien avec votre personnalité et les objectifs que vous poursuivez. Par exemple : le management, l'innovation, l'immobilier. Puis des sous-thèmes liés à ces thématiques. Pour le management : le management situationnel, le lean management, le feedback, le rôle du manager, etc.

Le défi est de varier les angles pour ne pas lasser votre audience, tout en restant cohérent avec votre ligne éditoriale. Vous pouvez très bien, un jour, raconter une anecdote personnelle ou donner un point de vue sur votre sujet de prédilection, le lendemain partager une ressource intéressante (livre, film, conférence) pour prendre de la hauteur puis proposer des conseils, etc.

Puis en toute subtilité, faites des ponts avec votre activité professionnelle. Sans virer dans l'auto-promotion permanente, glissez de temps en temps un message à propos de votre travail ou une invitation à vous contacter. Le bon ratio ? 80-20 : 80 % de contenus utiles, 20 % de contenus « promotionnels ».

Enfin, en fonction de l'ADN de votre marque personnelle, vous déterminez le bon ton à employer, celui qui vous correspond le mieux (provocateur, bienveillant, pédagogique, etc.)

• **Se fixer un rythme de croisière**

Reste à définir une temporalité et s'y tenir! Étant donné que les algorithmes privilégient la régularité, prévoyez un planning réalisable. Il vaut mieux deux posts par semaine toutes les semaines qu'un tous les jours pendant deux mois et puis... plus rien!

• **Mettre en place une organisation bien huilée**

Le seul moyen de gérer sereinement et efficacement une prise de parole régulière est de mettre en place une routine:

- Chaque jour, dès que vous avez une idée ou que vous tombez sur un contenu intéressant, consignez-les. Dans un carnet, une application de notes digitales ou en faisant des notes vocales, peu importe, du moment que vous pouvez les retrouver facilement! En panne d'inspiration? Regardez ce que font vos concurrent·e·s (pour s'en inspirer, non copier, on vous voit venir), scrollez dans les commentaires des contenus qui vous intéressent (souvent s'y loge une idée pépite) ou encore faites un tour sur les forums (Quora, Reddit) pour prendre le pouls des tendances.
- Une fois par semaine, bloquez une plage horaire dans votre agenda pour mettre au clair vos idées et rédiger/créer vos contenus à l'avance.
- Au moment d'ajouter des #, utilisez des outils comme hashtagify, socialbearing ou talkwalker pour vérifier leur popularité.
- En fonction du planning de publication que vous aurez élaboré, publiez vos contenus et prévoyez au moins une heure au moment de la publication pour répondre aux réactions de votre audience.

Même pas peur

C'est sûrement le conseil le plus important : osez vous lancer ! Vos premiers posts ne seront peut être pas les meilleurs ni ceux qui engageront le plus les internautes, mais qu'importe tant que vous continuez. D'ailleurs leurs retours seront vos axes de progression les plus pertinents. La seule façon de vous améliorer est d'apprendre de vos premiers écueils en vous confrontant au terrain, jusqu'à vraiment trouver votre voix et vous sentir à l'aise. Un marathon donc, pas un sprint.

Une multitude de formats

Article, photo, vidéo, live, reel, stories : les réseaux sociaux renouvellent sans cesse les fonctionnalités et les types de formats sur leurs sites. Restez en alerte à propos des nouveautés : bien souvent boostées artificiellement par les algorithmes au moment de leur lancement, elles sont un bon moyen d'augmenter sa visibilité et de se tester sur d'autres médias.

TOUR D'HORIZON DES DIFFÉRENTS FORMATS SELON LES PLATEFORMES

FACEBOOK

Les formats à plébisciter

Tout ce qui génère de l'interaction : photos, jeux, sondages, vidéo, live.

Les tonalités qui marchent le +

Avenant, ouvert à l'échange, léger, un brin provocateur par moments.

Nombre de # par publication

> 0

INSTAGRAM

Les formats à plébisciter

Des visuels esthétiques et inspirants (symétrie, belle lumière, pas trop de filtres). Les stories, le format phare.

Les tonalités qui marchent le +

Fierté, proximité

Nombre de # par publication

> 9 à 12

LINKEDIN

Les formats à plébisciter

Post écrit, plutôt long. La vidéo (le format favori de l'algorithme), les carrousels, sondages… ce qui crée de l'interaction.

Les tonalités qui marchent le +

Instructif, expert, crédible

Nombre de # par publication

> 1 à 3

YOUTUBE

Les formats à plébisciter

Tutoriel, vlog, lives : le type de vidéo que vous produirez dépendra de l'objectif que vous vous fixez. YouTube a lancé récemment les « Shorts » équivalent des stories Instagram.

Les tonalités qui marchent le +

Authentique, instructif, expert

Nombre de # par publication

Pas de hashtags, mais prêtez attention à la description et aux tags

TWITTER

Les formats à plébisciter

Des textes courts et impactants. Les threads pour raconter une histoire en séparant les idées clés.

Les tonalités qui marchent le +

Expert, réactif

Nombre de # par publication

> 3 à 5

TIKTOK

Les formats à plébisciter

Des vidéos courtes, idéalement face caméra, sur lesquelles vous pouvez ajouter du texte.

Les tonalités qui marchent le +

Authentique, léger, ludique

Nombre de # par publication

> 1 à 2

Quand poster ?

Pas de recette miracle : tout dépend de l'audience, du sujet… Il faut tester !

Bon à savoir

Tous formats et réseaux sociaux confondus, un contenu boosté par les algorithmes est :

- Inédit : le contenu doit être exclusif. Copier un contenu déjà existant est pénalisé (et pénalisant pour votre image). De même les re-partages de posts performent peu en termes de visibilité.

- Enrichi : vidéo, images, PDF : tout ce qui retient l'attention des internautes sur les plateformes plus longtemps sera favorisé.

- Intéractif : le post doit générer de l'interaction dans l'heure qui suit sa publication pour être boosté.

L'exemple du post qui engage sur LinkedIn

C'est une formule qui a fait ses preuves sur la plateforme préférée des actif·ve·s selon Baptiste Piocelle, qui nous en donne les ingrédients :

- L'hameçon : une bonne accroche qui attise la curiosité du lecteur et donne envie de lire la suite.
- Le corps : concis et court, il doit apporter de la valeur, ici des conseils applicables à chacun·e.
- La conclusion : un résumé de fin qui touche le lecteur personnellement.
- L'appel à l'action : une question claire qui donne envie de réagir.

Baptiste Piocelle

De 0 à 1 Million de Vues sur LinkedIn pour les Dirigeants...
1sem • Modifié •

J'ai interviewé pendant 2h un mec qui génère + de 800.000€ par an.

Juste avec LinkedIn.

Il m'a expliqué ses secrets :

- Prenez la responsabilité de tout ce qui vous arrive.
- Si vous ne réussissez pas, tout est de votre faute.
- Faîtes une chose à la fois, et faites le bien.
- Restez focus, tout le temps.
- Pour grossir, payez cher des gens excellents.
- Choisissez un seul produit, une seul canal d'acqusition.
- Créer du bon contenu ne s'apprend qu'en créant du mauvais.

Donc rappelez-vous :

- Un produit, Un canal, Focus
- Vous êtes responsable.
- Apprenez de vos erreurs.

Et vous, quels sont vos objectifs ?

✌️

453 96 commentaires

Statistiques et vanité : attention danger

Selon les réseaux, il est possible d'obtenir des statistiques de résultats sur les contenus publiés depuis son profil. Particularité de LinkedIn, le site dédié « social selling index » propose des statistiques précises des activités de son compte et donne des conseils tout aussi précis pour améliorer ses résultats (initialement prévu pour les commerciaux, il peut être utilisé par tou·te·s).

Faire le bilan chiffré des contenus publiés pour les améliorer, et comprendre les sujets et les angles qui plaisent à votre audience, est une démarche intéressante et saine, mais attention à ne pas trop vous attacher aux chiffres, ces « vanity metrics » qui n'évaluent pas la qualité de ces derniers. N'oubliez pas : les contenus que vous partagez construisent votre marque personnelle brique après brique, et sa valeur ne se mesure pas que par des nombres de likes ou commentaires.

Au secours : je bad-buzz !

Un peu comme dans la vie réelle, ce sont des choses qui peuvent arriver : un contenu qui tombe à côté, un débat qui tourne mal... mais que faire si jamais la toile s'enflamme (et notre réputation avec) à la suite d'une de nos publications ?

Rappelez-vous que sur Internet, rien ne disparaît jamais vraiment (coucou les screenshots). Alors évitez d'effacer votre contenu s'il a déjà été vu ou de censurer les commentaires qui vous déplaisent, vous ne feriez que jeter de l'huile sur le feu. L'attitude adéquate est de faire face à la polémique en assumant sa prise de position (ou son erreur quand c'est le cas), et de répondre à chaque message un à un, quitte à s'excuser. En revanche, bien sûr, si les propos des autres internautes deviennent agressifs ou insultants, bloquez ces personnes et signalez-le à la plateforme concernée.

LES FORMATS DE CONTENUS EN VOGUE

Au-delà du format vidéo qui est plébiscité sous toutes ses formes (interview, portrait, websérie, motion design, live) et sur toutes les plateformes, deux autres types de contenus ont le vent en poupe ces dernières années et ne sont pas près de s'essouffler : le podcast et la newsletter.

Le triomphe du podcast

L'écoute de podcasts natifs (spécifiquement créés pour une diffusion numérique et non radio) est une pratique culturelle qui s'est ancrée dans nos habitudes de vie. Rien qu'en France, on comptabilise environ 15 millions d'écoutes et de téléchargements par mois (Médiamétrie, décembre 2021), et les chiffres ne cessent de progresser tous les ans.

Les raisons d'un tel succès sont multiples, un engouement pour le format audio d'une part, la créativité de l'offre, un format plus long qui permet de creuser les sujets, une consommation libre et peu contraignante (avec la possibilité de faire une autre activité en même temps), la relation de proximité créée par la chaleur dégagée par le son des voix… Et un média accessible : gratuit pour celui·celle qui le consomme et qui demande peu de moyens aux créateur·trice·s (très loin des coûts de production des médias traditionnels). Autant de facteurs favorables qui poussent de plus en plus de particuliers et d'indépendant·e·s à sauter le pas et à lancer leur propre programme.

Créer son podcast professionnel est évidemment un levier fort de développement et de différenciation d'une marque personnelle. Un format de contenu qui permet de mettre en avant son expertise, ses passions, sa personnalité. Podcaster accroît sa notoriété, améliore son SEO, souvent, génère de nouvelles opportunités (surtout quand on invite d'autres professionnels à y participer en interview), et permet même de fédérer une communauté. Oui, car c'est une autre particularité forte de ce format : les auditeur·trice·s sont fidèles. Pour 79 % d'entre eux, écouter un podcast est un réflexe hebdomadaire voire quotidien (rapport « Les français·e·s et le podcast natif » du Paris Podcast Festival daté d'octobre 2021). Un bon moyen de créer une relation durable avec son audience.

• **Comment créer son podcast ?**

Comme pour toute création de contenu, une réflexion en amont permet de définir les contours de son futur podcast :

- le concept : les thèmes, l'approche, le ton
- le format : en solo, en interview, la durée (de 15 à 50 minutes)
- la fréquence de diffusion : hebdomadaire, bi-mensuelle, mensuelle
- l'identité visuelle : nom, visuel, description

La concurrence est rude pour émerger dans l'offre pléthorique des podcasts. Réfléchissez bien à votre concept, il doit être solide, rare, original pour avoir une chance de sortir du lot. Mais attention, le sujet que vous choisirez doit être suffisamment spécifique pour apporter de la nouveauté et en même temps suffisamment large pour tenir sur une saison (entre 10 et 15 épisodes).

Au niveau des moyens techniques, il faut prévoir un micro, un enregistreur, un casque, une carte SD et une bonnette anti-vent pour améliorer la qualité du son. La post-production et le montage peuvent se réaliser seul·e grâce à des logiciels gratuits comme Garage Band et des tutoriels en accès libre sur Internet.

Une fois les épisodes enregistrés, il vous faudra sélectionner un hébergeur/diffuseur parmi les acteurs de l'industrie du podcasting, comme Anchor, Ausha ou Substack. Leur rôle sera de stocker et diffuser automatiquement tous les épisodes de votre podcast sur toutes les plateformes d'écoute (Apple Podcasts, Spotify, Google Podcasts, Breaker, Pocket Casts, RadioPublic...)

Last but not least: créez l'événement et prévoyez des actions de promotion à la sortie de chaque épisode via vos contacts, votre site, vos réseaux sociaux ou votre newsletter, selon les outils de communication dont vous disposez.

Le succès de la newsletter

Avec quatre milliards de personnes qui s'échangent des e-mails quotidiennement partout dans le monde (un chiffre qui devrait monter à 4,3 milliard en 2023, selon Statista), la « lettre d'informations » a de beaux jours devant elle. Un canal de communication aussi classique qu'indémodable, grand favori des marques, des médias et des influenceur·euse·s pour nouer une relation forte et durable avec leur lectorat/client·e·s/audience. Et comme pour le podcast, de plus en plus de professionnel·le·s et d'indépendant·e·s se lancent dans l'aventure, et créent leur newsletter personnelle.
Pour émerger dans la masse de mails et newsletters déjà existants, il faut être en mesure de proposer un concept

éditorial, un angle et un ton solides, cohérents, originaux qui sont la clef pour trouver et fidéliser un lectorat dans la durée. Une relation qui encore une fois va se construire sur un temps long: créateur·trice·s de contenus pressé·e·s s'abstenir.

• Comment se lancer?

C'est le moment de mettre à profit les conseils vu précédemment sur les personas (page 102), les règles d'écriture (page 128) ou encore la stratégie éditoriale (page 207). Définir la fréquence d'envoi et s'y tenir est primordiale, c'est ce qui va créer un rendez-vous et in fine un lien avec son lectorat (mieux vaut une newsletter mensuelle de qualité qu'une version hebdomadaire décevante une fois sur deux).
Techniquement, des solutions simples et clés en main (mais payantes) comme Substack, MailChimp, Mailjet ou Sarbacane permettent de créer un template (modèle de mise en page), gérer les envois et d'opérer un suivi statistique.

Mais le plus grand défi quand on se lance dans un tel projet, c'est qu'au départ on n'a pas (ou quasi pas) de base de données. Il faut alors convaincre son proche réseau de s'inscrire à la première édition pour ensuite petit à petit faire grandir le nombre d'abonné·e·s. Au moment de collecter les adresses mails de vos contacts, que ce soit via vos réseaux sociaux, votre site, blog..., vérifiez que vous respectez bien les contraintes de la loi RGPD (voir page 180). Elle exige notamment un consentement explicite des contacts à recevoir vos mails ainsi que la possibilité de se désinscrire à tout moment.

• La Newsletter LinkedIn

Grâce à l'activation du «mode créateur» sur son compte LinkedIn (voir page 199), on peut désormais créer et diffuser sa propre newsletter directement depuis la plateforme. Une nouvelle fonctionnalité qui a conquis Caroline Mignaux, CEO Reachmaker, CMO Refer et créatrice de contenus aguerrie qui en souligne les avantages principaux:

- Lève tous les freins techniques.
Tout se fait depuis LinkedIn directement, c'est automatisé, aucune connaissance technique n'est requise pour créer sa newsletter.

- Une audience déjà présente.
Pas besoin de base de données, elle est envoyée directement à ses contacts LinkedIn. D'ailleurs, lors du premier envoi, le site pousse une notification qui invite l'ensemble de votre réseau à s'y abonner, un gage de viralité!

- Adieu spam.
LinkedIn se charge de distribuer la newsletter, résolvant au passage les problématiques de délivrabilité aka le cauchemar de tout mailing.

Mais y voit tout de même deux bémols:

- Pas de statistiques.
L'outil ne permet pas d'obtenir un suivi statistique (contrairement aux logiciels classiques), une ressource éclairante pour améliorer sa newsletter.

- Pas d'accès aux mails des abonné·e·s
C'est le pendant négatif de son gros avantage, finalement. Ici pas de base de données, ce qui peut déplaire à des profils indépendant·e·s, par exemple, qui souhaitent récupérer des contacts mails par ce biais.

En conclusion, tout de même un outil simple à appréhender et une belle opportunité pour passer un cap dans la création de contenus.

Désormais, votre double numérique porte haut les couleurs de votre marque personnelle version digitale. En fait, il bosse pour vous : pendant que vous dégustez vos sushis devant votre série ou que vous vous adonnez à une petite sieste (sûrement durement méritée), lui vous représente, pour ne pas dire, vous fait briller. Attendez, d'ailleurs là vous devriez vous connecter, vous avez 102 messages et demandes de connexion en attente... La rançon de la gloire sans doute. Ça et peut-être un ou deux autres travers qui vous pendent au nez avec votre personal branding aux petits oignons. Lisez le dernier chapitre, vous comprendrez.

le +

#Toomuch

Marre de l'autopromo exacerbée sur les réseaux sociaux, à base de posts LinkedIn larmoyants, artificiels ou tirés par les cheveux ? À tel point que vous hésitez à publier du contenu vous aussi ? Malheureusement, vous n'êtes pas le·la seul·e. Le monde anglo-saxon parle d'ailleurs de « broetry », contraction de « bro » (frère, pote) et « poetry » (poésie) pour parler de la tendance de certain·e·s à rédiger des posts longs comme le bras, à grand renfort de tags de « potes », histoire de récolter un maximum de likes. Certains comptes prennent même un malin plaisir à les tourner en ridicule. Mais les choses bougent. Pour Chrissie Zavicar, PDG d'e-Link Consulting et experte LinkedIn, l'authenticité devient un élément-clé de la communication sur les réseaux sociaux pro. « Depuis quelques années, ce type de posts passent beaucoup moins bien. Les gens en ont marre de ceux qui se vendent ou se sur-exposent. Ils ont envie d'échanges plus vrais. » Son conseil : « toujours rester en accord avec ses valeurs. Il ne faut surtout pas avoir le sentiment de jouer un rôle. Likez, commentez et publiez des contenus avec lesquels vous vous sentez en accord à 100 %. En revanche, n'hésitez pas à sortir – en douceur – de votre zone de confort dans vos prises de parole et/ou en testant de nouveaux formats ! »

V. LES

PIÈGES

À ÉVITER

À ce stade vous avez toutes les clefs en main pour construire, déployer, et faire briller une marque personnelle à votre image.

Mais il reste tout de même une dernière chose à connaître afin d'être paré·e à toutes les situations : les pièges tendus par le personal branding lui-même. Ça fait peur dit comme ça, mais pas de panique: rien d'inéluctable! Juste des petites précautions à prendre pour être sûr·e de ne pas sombrer du côté obscur du marketing de soi (un terme que l'on n'affectionne guère, comme vous le savez).

Alors, pour éviter ces potentielles embûches, ne faites pas l'économie de ces dernières pages: lisez ce qui suit et déjouez tous les traquenards.

PRENDRE LE MELON

Vous êtes fier·e de votre travail et vous le faites savoir ? Bravo. Vous avez confiance en vos compétences et une bonne estime de vous-même ? Formidable.
Vous percevez votre écosystème professionnel comme une arène dédiée à votre gloire ? Oups… alerte à l'ego boursouflé.

Construire sa marque personnelle pousse à parler de soi de façon valorisante. On souligne ses réussites, on met en avant ses talents… un élan dynamique qui booste la confiance en soi (du moins c'est tout le mal qu'on vous souhaite). Mais à ce petit jeu, le piège serait de surjouer ses atouts et nier ses failles pour renvoyer une image toujours plus positive, et de finir par céder à la tentation de se prendre pour « le·a dieu/déesse de l'open space ». Une posture dans laquelle on se vante en permanence, parfois au détriment de ses pairs, qui d'ailleurs n'en peuvent plus de ce monsieur/madame « je-suis-au-max-au-dessus-de-moi-c'est-le-soleil ».

Un auto-aveuglement quant à ses réelles capacités qui s'avère contre-productif. Car comme évoqué dans le chapitre II, seule une bonne connaissance de soi (et donc de ses limites) permet de progresser et d'avancer sereinement dans sa carrière. Un ego hypertrophié enferme dans une bulle qui coupe de l'entourage (bah oui, pourquoi écouter les autres points de vue quand on pense être le·a meilleur·e ?) et réduit par la même occasion notre champ de vision et… d'action. Car cet entourage n'a désormais plus aucune envie de travailler avec ou pour vous. Bye les collègues, recruteur·trices, client·e·s et partenaires.

Un auto-sabotage évitable en restant à l'écoute des autres et des signaux qu'ils nous envoient. Si au travail, rares sont ceux qui vous diront de but en blanc que vous développez un « god complex » à la Kanye West (l'artiste s'est auto-érigé en dieu vivant dans son album *Yeezus*), ils vous le feront comprendre autrement. Regard, soupir, remarque ou commentaire en ligne ironique, voire exclusion d'un groupe de discussion ou d'un déjeuner, sont autant de signes que vous les lassez. De même, si vous percevez que l'ambiance de travail se dégrade avec vos partenaires/clients ou une perte de cohésion au sein de votre équipe, n'attendez pas que la situation dégénère davantage et crevez l'abcès en ouvrant le dialogue. Reconnaître son erreur et ajuster son attitude suffira à apaiser les tensions dans la plupart des cas.

La clef de l'épanouissement au travail est de développer un ego professionnel équilibré. Ce dernier doit être une force intérieure qui permet de croire en soi et en ses capacités pour réussir, tout en « s'envisageant » de façon réaliste (sans exagérer ni sous-estimer ses forces et ses faiblesses). Une vision équilibrée qui permet de prendre naturellement sa place dans sa sphère professionnelle (pas de passage en force), et qui est bien souvent un gage de réussite sur le long terme.

NE PAS PROTÈGER SON INTIMITÉ

Vous l'aurez compris, qui dit marque personnelle, dit parler de soi, dit raconter son histoire. C'est même tout le cœur de la démarche ! Sauf qu'à ce jeu-là, on a vite fait de se dévoiler un peu, beaucoup... trop ? Jusqu'à oublier de barricader son jardin secret. Au travail, les situations se prêtant au small talk sont nombreuses : pauses à la machine à café, after work, déjeuner, attente avant de démarrer une réunion, conférence… Autant de moments d'échanges informels créateurs de lien, où on est amené à se livrer davantage : mais du récit anodin de ses dernières vacances à celui de son quatrième divorce et de son addiction au casino, il n'y a qu'un pas.

Les conversations ont vite fait de glisser sur des sujets (trop) intimes, qui sont pour la journaliste de la vie professionnelle Lucile Quillet autant de no go zones verbales sur lesquelles il est déconseillé de s'aventurer. Explication des risques encourus :

- <u>On n'est pas chez le psy</u>

  Vos contacts professionnels, aussi sympathiques soient-ils, ne sont pas vos ami·e·s (sauf exceptions), et ils ne sont ni volontaires ni préparé·e·s à entendre vos récits sensibles ou traumatiques. Non seulement ça peut les mettre mal à l'aise, mais en plus il y a 80 % de chance que vous soyez déçu·e par une réaction inadéquate de leur part.

- <u>Un effet boomerang</u>

  Gage de confiance, on pourrait penser qu'ouvrir son cœur scelle un pacte de loyauté solide entre la personne qui se confie et celle qui l'écoute. Que nenni. Le secret n'existe pas pour notre experte, du moins pas au travail. Personne n'est à l'abri que ces informations se retournent contre soi : « Vous pouvez parler de vos adorables bambins, mais répéter tous les jours que vous ne vous en sortez pas avec votre vie de famille, peut conduire votre N+1 à ne pas vous confier de nouveau projet car il·elle vous juge - à tort - débordé·e. »

- **Une célébrité, mais pas celle que vous souhaitez.**

Au travail comme ailleurs, on adore transmettre les récits marquants. Plus fun que le cours de la bourse, vos histoires « croustillantes » ont de grandes chances de devenir virales auprès de vos collègues et/ou réseau, amplification et potentielle déformation incluses. Et même si, certes, on parle de vous, ce n'est pas une bonne nouvelle, comme l'explique Lucile Quillet : « Raconter le jour où vous avez planté votre futur·e époux·se devant l'autel attirera sûrement l'attention de tout l'open space, mais ce récit épique risque bien de vous coller à la peau, au risque d'éclipser tout le reste. »

Son conseil pour éviter les faux pas : bien subdiviser sa vie personnelle en deux sous-catégories : le privé et l'intime. Le privé, ce sont les éléments de votre vie perso totalement inoffensifs, moins susceptibles d'être l'objet d'un jugement de valeur. Des informations qui permettent de jouer le jeu de la sociabilité, aident à mieux vous connaître, sans pour autant servir votre âme sur un plateau.
L'intime, c'est ce qui vous appartient, votre vécu, parfois vos blessures, et ce qui peut faire plus facilement l'objet d'un jugement. Tout ce qui peut faire passer votre « moi pro » en arrière-plan, finalement. À chacun·e ensuite d'évaluer ce qu'il·elle a envie d'assumer dans son écosystème professionnel. Dans tous les cas, rappelez-vous que parler de vous doit servir votre marque personnelle, non l'écraser.

le +

Sujets tabous, attention danger

Politique, éducation, sexe, religion... de nombreux sujets sont plus ou moins tabous dans la sphère professionnelle et s'y aventurer reste un pari périlleux. Sont considérés comme tabous, les sujets qui s'écartent de la « norme sociétale ». Dans les faits, tout va dépendre de la culture de l'entreprise et des individus eux-mêmes. Un sujet peut être tabou pour une personne et pas pour d'autres. Pour ne froisser ni heurter personne, mieux vaut sonder les convictions de ses interlocuteur·trice·s avant d'aborder des questions délicates pendant un *small talk*.

DEVENIR ADDICT AU BUZZ

Un jour vous avez publié un contenu et là, surprise : il a énormément été liké, commenté, partagé… bref, vous avez buzzé ! Une viralité qui a peut-être même fait décoller votre notoriété et généré de nouvelles sollicitations professionnelles. Grisant, n'est-ce pas ?
Le problème c'est qu'une fois qu'on a connu un épisode aussi enivrant, on a qu'une idée en tête : le revivre à nouveau !

La faute à la dopamine qui est le principal neurotransmetteur impliqué dans le circuit de la récompense de notre cerveau. Le sentiment de satisfaction stimule la libération de cette « molécule du plaisir et de la motivation » qui nous procure une sensation de bien-être qui nous rend vite dépendant·e. Pour revivre cette sensation, on va alors reproduire les comportements qui nous ont permis de l'expérimenter la première fois. Bienvenue dans l'addiction.

Certes, les likes et les partages sur les réseaux sociaux ne sont pas des drogues dures, mais ils donnent un sentiment d'approbation sociale qui procure de la satisfaction (qui secrète de la dopamine, vous avez saisi l'idée). Une fois accroc, on court le risque de poster tous les jours - en croisant les doigts pour re-créer un buzz - au détriment de la qualité des informations partagées. Ou encore de se renier, en changeant de ton et/ou de ligne éditoriale juste pour satisfaire les attentes de ses contacts et risquer de se perdre.

Pour ne pas vous réveiller un matin en vous demandant comment se fait-il que vous en soyez arrivé·e là, rappelez-vous régulièrement pourquoi vous prenez la parole et vérifiez que vous êtes toujours aligné·e avec vos objectifs.

Et puis, comme la journaliste spécialiste du travail Lucile Quillet aime à le rappeler: « Ce n'est pas parce qu'on a une marque personnelle active qu'on a besoin de briller en permanence. » Au contraire, elle nous invite à faire des pauses dans sa communication digitale en fonction de ses priorités du moment: « Parfois on a besoin d'augmenter sa visibilité à l'occasion d'un gros projet pendant quelques mois, puis de s'autoriser à s'effacer un peu pour souffler et gérer d'autres sujets prioritaires. » Encore une fois, votre marque personnelle doit servir vos intérêts et non vous asservir!

CONCLUSION

On espère que la lecture de ce livre vous aura éclairé·e sur la démarche et vous aura donné envie d'exprimer le plein potentiel de votre marque personnelle. Une marque qui, comme vous, devra rester en mouvement, évoluer dans le temps, se renouveler… et qui on l'espère vous aidera à vous accomplir et vous épanouir dans votre avenir professionnel.

Vous pourrez difficilement mesurer les effets de votre personal branding, mais vous pourrez certainement les ressentir et les observer dans l'avancement de votre carrière. Un indicateur reste cependant à surveiller, il doit même vous servir de guide : est-ce bien vous ? L'authenticité est à la fois la clé du succès et le garde-fou qui préserve de toute dérive.

Enfin, on vous a suggéré des exercices, des méthodes, des conseils pour appréhender chaque aspect de la construction d'une marque personnelle, mais s'il vous plaît, n'oubliez jamais d'y prendre du plaisir. Personne n'a dit qu'il fallait s'atteler à la tâche religieusement, suivre des codes pré-établis ou encore s'épuiser avec une énième injonction à briller sur tous les fronts.
Au contraire : on vous invite à tâtonner, tester, vous tromper, bifurquer, ajuster… vous amuser, en fait ! C'est bien le meilleur argument pour s'atteler à la tâche. On vous souhaite une longue récréation.

WALL OF FAME

Pas si vite ! Comment évaluer dans quelques semaines, mois, années, si vos efforts ont bien porté leurs fruits ? Voici une check-list – bourrée d'autodérision – pour vous en assurer.

Tu sais que ton personnal branding est béton quand...

- Tu ne racontes plus toute ta vie depuis la sixième quand un recruteur·trice te lance « Parlez-moi de vous ».
- En soirée, tu n'attends qu'une chose : qu'on te demande ce que tu fais dans la vie.
- Tu as fait tous les tests de personnalité possibles et imaginables. Bilan : tu serais à la fois « super créatif·ve et intuitif·ve » et « rationnel·le et logique ». Mouais… On ne te la fait plus à toi.
- Tu as arrêté de répondre « perfectionniste » quand on te demande quels sont tes défauts en entretien, car tu saisis bien mieux toutes les nuances de ta personnalité.
- Ton look est (enfin) à ton image, t'as enterré ce sentiment de te sentir déguisé·e pour aller bosser.
- En réunion, c'est les autres qui se présentent à toi, eux te connaissent déjà.
- T'hésites à bloquer les chasseur·euse·s de tête sur LinkedIn, trop de messages.
- Ton N+1 t'a demandé si tu voulais bien être son·sa mentor en personal branding, y'a du boulot.
- Ton boss te supplie de le taguer dans tes posts, tu vas y réfléchir.
- Quel que soit ton·a interlocuteur·trice, tu arrives à partager tes passions avec passion (même ton penchant pour les sculptures en allumettes !)
- Tu t'auto-interviewes tout·e seul·e dans la douche maintenant que tu as appris à raconter ton histoire (et tu la trouves incroyable).
- Tu acceptes enfin – et sans rougir – s'il vous plaît - tous les compliments qu'on te fait, car tu te connais par cœur (et tu le vaux bien !)
- Tu maîtrises tellement ton histoire que tu pourrais animer une conférence TedX à tout moment…
- Tu brilles lors de toutes tes présentations orales, même quand, en vrai, tu meurs de l'intérieur !
- Il n'y a plus que ta maman qui like tes posts LinkedIn, tu arrives à attirer des profils qui t'intéressent vraiment !
- T'es freelance et tu ne connais pas le verbe « prospection » : c'est les client·e·s qui te contactent (d'ailleurs la liste d'attente s'allonge).
- Beyoncé a retweeté ton dernier message, en le gratifiant d'un « So inspiring! », ah la fan base.

REMERCIEMENTS

NOS EXPERT·E·S

- **Aude Fraïoli-Marçal**
  Multi-entrepreneure et professeure de personal branding à l'EFAP
- **Isabelle Biarnes-Poulliat**
  Coach personnelle et professionnelle, certifiée Ikigaï
- **Cécile Pichon**
  Psychologue, coach professionnelle et experte du Lab par Welcome to the Jungle
- **Sonia Valente**
  Coach, auteure du livre *Comment trouver sa place quand on ne rentre dans aucune case: Le guide des multipotentiels dans le monde du travail* (ed. Broché, 2021), et experte du Lab par Welcome to the Jungle
- **Ludovic Girodon**
  Consultant, auteur de *Dream Team: les meilleurs secrets des managers pour recruter et fidéliser votre équipe idéale* (2019), conférencier et expert du Lab par Welcome to the Jungle
- **Flora Bernard**
  Philosophe en entreprise et co-fondatrice de l'agence de philosophie Thaé
- **Lucile Quillet**
  Journaliste, autrice du livre *Libre de prendre le pouvoir sur ma carrière, guide de coaching professionnel pour les femmes qui veulent se réaliser au travail* (éd. Diateino, 2020) et experte du Lab par Welcome to the Jungle
- **Vanessa Caffin**
  Journaliste, romancière et scénariste
- **Martine Guillaud**
  Coach en éloquence et auteure de *Vous allez adorez prendre la parole* (éd. Robert Laffont, 2021)
- **Margaux Lefebvre**
  Formatrice, coach, enseignante et conférencière sur la communication orale
- **Bertrand Vinson**
  Co-fondateur d'Ifoyaka et formateur en prise de parole en public
- **Leila Ngouoto**
  Conseillère en image et fondatrice de l'agence ONLY YOU
- **Christophe Alcantara**
  Enseignant-chercheur en sciences de l'information et de la communication à l'université de Toulouse 1 Capitole
- **Baptiste Piocelle**
  Créateur de contenus, consultant en personal branding et fondateur de Hegemonia
- **Caroline Mignaux**
  CEO chez Reachmaker, CMO chez Refer et créatrice de contenus
- **Chrissie Zavicar**
  CEO d'e-Link Consulting et experte LinkedIn

NOS CONTRIBUTEUR·TRICE·S

- **Romane Ganneval**
  Journaliste chez Welcome to the Jungle
- **Gabrielle Predko**
  Journaliste chez Welcome to the Jungle
- **Matthieu Amaré**
  Head of digital media Europe
  chez Welcome to the Jungle
- **Mélissa Lambert**
  Social media manager chez Welcome to the Jungle
- **Marlène Moreira**
  Journaliste indépendante
- **Sawssane Bensalah**
  Rédactrice indépendante
- **Audrey Depommier**
  Rédactrice indépendante
- **Mathieu Maugret**
  Rédacteur indépendant
- **Darina Senhaji**
  Senior account manager
  chez Welcome to the Jungle
- **Anaïs Koopman**
  Journaliste et podcasteuse indépendante
- **Romain vinson**
  Co-fondateur de Quartier Frais

RESSOURCES

CHAPITRE I.

P. 14	Dell et l'Institut pour le Futur, l'étude *Emerging technologies' impact on society & work in 2030*, 2017.
P. 14	Kantar TNS pour Randstad, l'étude *Le sens au travail*, avril 2019.
P. 14	Centre Inffo (l'association de service public sur la formation), *Baromètre de la formation et de l'emploi*, février 2022.
P. 15	Tom Peters, «The brand is you», *Fast Company*, August/September 1997
P. 15	Al Ries et Jack Trout, *Positioning: The Battle for your mind*, ed. McGraw-Hill Education, janvier 2001
P. 16	Squarespace en partenariat avec The Harris Poll, *Uncover the roles of websites in daily life*, juillet 2021
P. 19	William Arruda, *Digital You: Real Personal Branding in the Virtual Age*, ed. ASTD Press, 2019
P. 22	William Arruda, «9 Amazing Benefits Of Personal Branding», *Forbes*, 21 mars 2021
P. 25	Carl Gustav Jung, psychiatre suisse

CHAPITRE II.

P. 33	Shalom Schwartz, «Les valeurs de base de la personne: théorie, mesures et applications», traduction Béatrice Hammer et Monique Wach, *Revue française de sociologie*, Ed Ophrys, 2006/4 - Volume 47, pages 929 à 968
P. 52	World Economic Forum, l'étude *Future of jobs*, 2020
P. 53	Article 900-2 du Code du Travail, *Le bilan de compétence*
P. 63	L'organisme de formation Bloomr Impulse, *Les 46 soft skills les plus stratégiques au travail*, 2020
P. 75	David Graeber, *Bullshit jobs*, ed. Les Liens Qui Libèrent, 2018. Traduit en français par Elise Roy

CHAPITRE III.

P. 91	Roland Barthes, *Introduction à l'analyse structurale des récits*, Communications n°8, éd. Seuil, 1966
P. 91	Paul J. Zack, « How Stories Change the Brain », *Greater Good Magazine*, 2013
P. 93	Gerber, W., Pic, J.-C. & Voicu, A., *Le storytelling pas à pas*, éd. Vuibert, 2013
P. 98	Jean-Paul Sartre, *La Nausée*, ed. Gallimard, 1938
P. 109	Joseph Campbell, *Le Héros aux mille et un visages*, 1949. Rééd. J'ai lu, 2013.
P. 114	Charles Pépin, *Les vertus de l'échec*, éd. Allary, 2016
P. 117	Empreinte Humaine et Opinion Ways, *Baromètre T4 sur l'état psychologique, risques psychosociaux & épuisement des salarié·e·s français·es*, décembre 2020
P. 125	Bruce Feiler, *Life is in the transitions: Mastering Change at Any Age*, 2020
P. 133	Adobe, *Emoji Trend Report*, 2019
P. 157	Mehrabian A., & Wiener M., « Decoding of inconsistent communications », *Journal of Personality and Social Psycholoy, 6* (1), 109–114, 1967.
P. 165	Alex Todorov, *Face Value: The Irresistible Influence of First Impressions*, ed. Princeton University Press, 2017
P. 166	Society for Personality and Social Psychology. « Even fact will not change first impressions », *ScienceDaily*, 14 février 2014

CHAPITRE IV.

P. 186	We Are Social, Hootsuite et Kepio, *Digital Report 2022 Global Overview*, janvier 2022.
P. 217	Médiamétrie, *eStat Podcast*, décembre 2021
P. 218	CSA, Havas Paris et Podinstall pour le Paris Podcast Festival, *Étude : Les français·e·s et le podcast natif*, octobre 2021
P. 219	Statista Research Department, *Number of e-mail users worldwide from 2017 to 2025*, mars 2021

Dépôt légal : juin 2022
86-5239-01-4
ISBN : 978-2-01-946186-7
Achevé d'imprimer en avril 2022 par Estella Gráficas en Espagne.